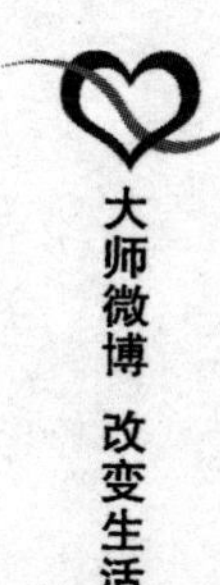
大师微博 改变生活

大师微博 改变生活

与罗素
相约在微博

幸福之路

芮锐⊙编著

中国长安出版社

图书在版编目（CIP）数据

与罗素相约在微博：幸福之路/芮锐编著.
—北京：中国长安出版社，2012.2
ISBN 978-7-5107-0490-1

Ⅰ.①与… Ⅱ.①芮… Ⅲ.①罗素，B.（1872～1970）—幸福—哲学思想—通俗读物 Ⅳ.①B561.54-49②B82-49

中国版本图书馆 CIP 数据核字（2012）第 013112 号

与罗素相约在微博：幸福之路
芮锐 编著

出版：中国长安出版社
社址：北京市东城区北池子大街 14 号（100006）
网址：http：//www.ccapress.com
邮箱：ccapress@yahoo.com.cn
发行：中国长安出版社　　全国新华书店经销
电话：010-85099947 85099948
印刷：北京欣睿虹彩印刷有限公司
开本：1/32
印张：8
字数：210 千字
版本：2012 年 2 月第 1 版　　2012 年 2 月第 1 次印刷

书号：ISBN 978-7-5107-0490-1
定价：26.00 元

前言
PREFACE

每个人奔波在人生旅途中，所追寻的其实就是一种幸福的感觉。这种感觉越强烈越深刻，我们就会感到自己的人生价值越大。

现代社会，人们为了生活疲于奔命，不得一刻的安歇，甚至都无暇去思索究竟什么是真正幸福的问题，而只去忙忙碌碌地奔波，最终却是一无所得。人的价值在于人的思想，只有这样，人处在繁忙劳累的社会中才不会感到空虚、孤独、忧郁，甚至绝望。

在对“幸福”这个问题的思考上，英国哲学家罗素提出了自己独特的观点，并且得到了极大的美誉和广泛的推崇。

罗素一直对人类命运有着强烈关注，对社会问题有着重大责任感，这使他对人类的个人利益、自由和幸福有着很大的关切。在罗素长达近九十八年的一生之中，他自己也一直在思考幸福，追求幸福。

在罗素所描绘的幸福中，你不会发现故弄玄虚的阐述，也没有索然无味的长谈，而是能够感觉到罗素对幸福人生，对我们每一个人的真切关怀。正如他自己所说的，这些关于幸福的谈论都是经过他自己的观察和体悟而得来的，他并不想将它们献给那些看似博学的人以及为了增加谈资的人。他只希望这幸福之药方，能够让更多陷入忧郁和烦恼的人们解除痛苦。

罗素作为20世纪伟大的哲学家，尽管他的通俗著作不是以哲学家的身份写的，而是以遭受世间苦难的普通人的身份写的，他谋求的乃是改善人们的生存状况，表达出世人谋求自由和幸福的心声。但是，他知识的丰富和心灵的深刻毕竟不是我们普通人所容易达到的。

本书对不幸福原因进行了剖析和对幸福原因进行了探讨，并由此对幸福的概念下了定义以及得出了寻求幸福的方法，这对现代社会的人们具有极大的借鉴意义。

在本书中，充满了哲理的语言和丰富的思辨。为了使广大读者朋友能够比较容易地读懂这本书，并能够从中汲取幸福的智慧，本书特采用“与罗素相约在微博”的这种当代流行的文化形式来拉近读者与罗素这位伟大哲学家的距离，通过“微博式”方法，将罗素的精辟话语进行深刻阐述、剖示和拓展，让读者对幸福这个概念以及获得幸福的方法有一个深刻的了解，并能够实在地运用于社会生活中，获得真正的人生幸福。

罗素说：“幸福这东西不像成熟的果子那样，仅仅靠机遇就会掉到你的嘴里，幸福必须是一种追求。”所以说，通过本书的引导，您可以了解幸福的概念以及如何获得幸福的方法，而要真正地谋求幸福，那么，就需要扬起风帆，去努力追求！

目 录
CONTENTS

目 录
CONTENTS

目 录
CONTENTS

目　录
CONTENTS

目 录
CONTENTS

目 录
CONTENTS

把握幸福人生

重奏生命活泼的韵律

所有人生的现象本来是欣喜的，只有妨碍幸福的原因存在时，生命方失去它本有的活泼的韵律。人生种种苦痛的原因是人为的，不是天然的，是可移去的，不是生根的。只要能有相当的满足与调和，人生便会快乐。

——罗素《幸福之路》

人，饥而欲食，渴而欲饮，寒而欲衣，劳而欲息。幸福与我们的基本生存需要密切相关。我们能够在现实中感受或意识到的幸福，通常都是因为自身需要得到了充分的满足。所以说，幸福感是一种心满意足的状态，它植根于人的需求对象的土壤里。

有时候我们会感到不幸福，那多半是因为物质上或精神上的诸多需求，受制于自然或社会的种种条件而得不到满足。其实幸福与否归根到底还在于我们自身。在罗素开出的“药方”中，有两种因素是不可或缺的，那就是“满足”与“调和”。

生活需要种种条件来维持，但我们应当尽量减少自己的需求。幸福不是得到的多，而是我们计较的少。即使你拥有整个世界，但你一天也只能吃三餐。这是认真思考人生之后的一种清醒，谁真正懂得它的含义，谁就能过得轻松自在。

真正的幸福来自于我们眼下所拥有的一切。幸福源自珍惜，生活不是攀比。人生的许多悲剧的产生，都是因为当事人不懂得珍惜，盲目将己之短与他人之长作比较。

少一些欲望，我们就会多一份快乐。一个永不知足的人是无法感受到生活的乐趣的，只有对现有的一切感到满足，才会活得洒脱，快乐、幸福也在其中。

■让生命与自然的节奏相契合

那些把我们的生命与大地紧紧相连的快乐，可以使我们得到极大满足，它们带来的幸福将会长驻不去，尽管与那些让人获得兴奋与刺激的享乐胡闹相比，它的强烈程度要低得多。

——罗素《让幸福与大地相连》

我们每个人都是天地之子，是自然的一分子。我们应该让自己的生命融于其中，参赞化育，这样就能体验到人生存在的价值以及与万物相合融通的乐趣。这种乐趣是原始的，纯朴的，混沌如生命之初。

然而当代城市人却很少也很难感受到与自然相宜的快乐。他们平时为工作和家庭琐事忙碌操劳，到了夜晚或假日，则在霓虹闪烁中，寻求种种能够获得快速而强烈的兴奋刺激的享乐方式。而当这样的激情和狂欢冷却之后，他们就会退回到疲惫的状态中，甚至比原来更加厌烦和无聊。

这正是长期脱离大地的恶果，它让我们无法接受自然传递的能量，让我们的生命逐渐失去滋润而变得干枯。所以，我们应该超越一切功利，破除机心，解脱物质的枷锁，让自己的心灵与天地万物相交流，让自己的生命与自然造化的节奏相契合，以获得长久的安宁与快乐。

阖上尘世的眼，打开本真的心，体验与天地并生，与万物齐一的乐趣。做一尾悠游的鱼，在生命之河里回环流转；做一只飞翔的鸟，在造化的氤氲中周流盘桓；做一朵芙蓉花，在寂静的山涧中自开自落；做一片自在的云，在山石的拥抱中推挽卷舒。

自然带给我们的不仅是生活的诗意，更是对生命的真切体悟。正如罗素所说，幸福就是宁静而安逸的生活，只有在天地赋予我们的安宁氛围中，真正的快乐和幸福才得以存在。

脚踏实地，将每件事简单化

关于幸福，有一些好的建议，这不是任何速成的办法。只要脚踏实地，将每件事简单化。

——罗素《幸福之路》

简单的生活是快乐的源头，为我们省去了许多烦恼，也为我们身心的解放开拓了更大的空间。

简单生活并不是要你放弃追求，放弃劳作，而是说要抓住生活、工作中的本质及重心，以四两拨千斤的方式，去掉世俗浮华的琐事。

简单生活不是自甘贫贱。你可以开一部昂贵的车子，但仍然可以使生活简化。一个基本的概念在于你想要改进你的生活品质而已。关键是诚实地面对自己，想想生命中对自己真正重要的是什么。

其实简单是一种生活的艺术与哲学。简单生活是简单主义者的生活选择，无论是田园隐居，还是返璞归真，抑或自愿选择一贫如洗。

不奢求华屋美厦，不垂涎山珍海味，不追时髦，不扮贵人相，过一种简单自然的生活，一种外在的财富也许不如人，但内心享受充实富有的生活。这是自然生活，有劳有逸，有工作的乐趣，也有与家人共享天伦的温馨、自由活动的闲暇。

■唯有安静气氛，才产生真正的幸福

所谓幸福的生活，必然是指安静的生活。因为只有在安静的气氛中，才能够产生真正的幸福。

——罗素《幸福之路》

波澜万丈的生活激荡人心，令人心驰神往，但在人生的河流中，更多的则是平静，你总要学会一个人慢慢地享受人生。

宁静可以沉淀出生活中许多纷杂的浮躁，过滤出浅薄粗率等人性的杂质，可以避免许多鲁莽、无聊、荒谬的事情发生。宁静是一种气质、一种修养、一种境界、一种充满内涵的悠远。人们如果在生活中表现得安之若素，沉默从容，往往要比气急败坏、声嘶力竭更显其涵养和理智。

宁静是生活的必需，倾听内心宁静的声音，原创力才不会枯竭，观察力才会敏捷，才能看见别人看不到的盲点，想到别人想不到的点子。宁静如同鸭子划水，看似过水无痕，却在内心产生强烈的爆发力，潜力惊人。人总有一天会走到生命的终点，金钱散尽，一切都如过眼云烟，只有精神长存世间，所以人生的追求应该是一种境界。

生活中，如果我们想取得永恒的成功，就必须放开胸怀，静下心来，摆脱速成心理的牵制，看清人生最根本的目的，一步一个脚印地走下去。只有这样，才能达到自己的目的，最终走上成功的道路。

隔去外面喧嚣的世界，让宁静的生活重新回归，等待身体与心灵的一致。静静地用自己的理解去解读人世间风起云涌的内容，思考人生历程中的痛苦和欢悦。当我们真实领悟了人生的丰富与美好，生命的宏伟和阔大，让身心平直地立在生活的急流中，不因贪图而倾斜，不因喜乐而忘形，不因危难而逃避，我们就会明白，安静的心灵和生活，才是最深刻最恒久的幸福。

■令人满意的生活需要两种和谐性

如果一个人对自己的生活感到满意，无论是出自他自己还是根据世界的普遍看法，它都需要两种和谐性：一种是智力、情感和意志的内在和谐性；一种是自己的意志与他人意志的外部和谐。

——罗素《个性与公民性》

人生犹如战场，但毕竟不是战场。战场上敌对双方中的一方不消灭对方就会被对方消灭。但人生赛场不一定如此，为什么非得争个鱼死网破，两败俱伤呢？

很多人对于输赢的看法都是绝对的，非此即彼，赢便是代表其他所有人都输，我们通过这副非赢即输的眼镜看人生，倘若没能唤醒内在的知觉，只为了争一口气，一辈子拼个你死我活，却从来不曾想到通过合作的手段，能让彼此得到更大的利益。

人生处处布满险滩。稍不留意，就会陷入危险之中。许多人由于盲目的自我意识，或是自大，从而错误地估计自己，认为自己天下第一，不屑于与他人合作，做任何事都是我行我素。

一个人的能力毕竟是有限的，处处靠自己固然是正确的，但是一味地、保守地坚持自己的意见，则不可避免地要失败，每个人都有自己的优势和特长，适当地互相联合起来也许会收到很好的效果。

和平、和谐的合作，可以激发生命中的潜能。在集体中的合作，可以增强你的自信心，提高你的处世能力，消除你的消极心态，使你能正确地面对人生。

因为人是文明的人、有情感的人，一个人离开合作将一事无成。即使一个人跑到荒郊野外去隐居，远离各种人类文明，然而，他依然需要合作，依赖他本身以外的力量生存下去。一个人越是成为文明的一部分，越是需要内心的和谐以及自己与外部世界的和谐相容。

渴望的幸福可凭努力去争取

寻求精神麻醉的人，无论采取哪种方式，他都已失去了希望，只求默默无闻。在这种情况下，要说服他的首要之点就是告诉他：幸福是值得争取的。

——罗素《什么使人不幸》

在今天，有一种现象变得极为普遍。一个人如果感到自己彻底失败了，他便不再寻求任何形式的满足，只求消遣放松、得过且过。他看起来好像成为了一个“快乐”的人。而事实上，他只不过是减少自己的活力，以便使这种不太如意的生活变得更容易忍受。

我们时常会感到有压力，精神会焦虑不安，甚至可能遭受各种各样的折磨，甚至害怕未知的死亡。我们从童年起就开始承受或多或少的伤痛，我们的身上布满了伤痕。我们流过泪，也想过要挣扎，要逃出这哀伤的生活，重新找到一个新的世界。

然而，许多人都失败了。在日复一日的忙碌中，在一次又一次的挫败中，人们逐渐忘记给自己的生命点燃一份热情，以致把生活的一切看成是一种负担。

我们必须明白这样一个事实，认为生活是空虚而平淡的人，他自己本身就是平淡无味的。他就在这样的自我欺骗中一天一天消磨时光，直到耗尽生命。我们不能让自己成为一个老气横秋、毫无激情的人，我们一定要让希望和热情灿烂我们的一生。

我们热望的幸福是可以凭着自己的努力去争取的。只要心中充满激情的火焰，就可以让一颗对生活已经麻木的心燃烧起来，让我们的生活重新获得阳光，让未来的一切都变得无比美好。

生活需要爱、创造和快乐

在生活方面有三种力量，这三种力量并不需要特殊的天赋聪明，在更好的社会制度之下，可能是极普通的事情。它们是爱、建设性的本能和生活的快乐。

——罗素《生长的原理》

爱，创造和快乐的心态，是幸福人生的必要保障。其中最重要的便是爱，因为爱是后两者产生的源泉。

爱是短暂人生中所作的最绚丽、最珍贵、最神秘的精神漫游；爱是皇冠上的珍珠，璀璨夺目而又神圣无比。拥有爱，你的人生就会被点亮，变得绚烂夺目。

有了爱，生活中就会有更多的欢乐与感恩；有了爱，我们就可以把冷漠化为亲切，把仇恨变为宽容。当爱之花在心灵深处绽放的时候，当我们深深体味爱的芬芳时，世间的一切烦恼与纷争、困惑与误解都会化为一缕清风飘然而去，留下的只有那一份脉脉的温情。

如果我们每个人都能爱护自己，爱护自己善良、朴实的天性，爱护自己懂得爱并珍视爱的心灵，让自己的内心始终拥有一处纯净生动、仁爱无私的净土，永不放弃对真诚的情感、对善良的人性、对美好的人生毫不犹豫的、执著坚定的追求，即使我们不能使所有人的世界变得更美好，至少也可以使自己的世界更美好。

相信这个世界上还有爱，加入那个传播爱的队伍，你会慢慢发现，爱拥有传染的魔力，爱可以波及任何人的心灵，即使是那些所谓的坏人，相信他们灵魂的深处也还保留着一块温软的园地，可以感受爱。

放弃比努力更需要智慧

在寻求幸福的过程中，放弃所起到的作用并不比努力逊色。聪明的人不会对能够避免的不幸视而不见，但他不愿意在不可避免的灾难上花费过多的精力和时间。因为尽管这些灾难本身是可以战胜的，但只要它们会妨碍他追求更加重要的目标，那么他也宁愿选择放弃。

——罗素《努力与舍弃》

我们的一生离不开选择，生活中随时都面临着选择。在一定意义上来讲，人生就是选择，生活就是选择。人的一生很短暂，有限的精力不可能方方面面都顾及，而世界上又有那么多炫目的精彩，这时候，放弃就成了一种大智慧。

我们在生活中，往往都会为是否舍弃一种生活追求而犹豫不决。我们不应该优柔寡断，学会适时放弃，才是成大事者明智的选择。

放弃一件事情，也许会开启另一道成功的门。生活是一个单项选择题，每时每刻你都要有所选择，有所放弃。该放弃时就放弃吧，不要在犹豫不决中虚度光阴，可能到最后还会无奈地放弃。不能放弃，不愿放手，就会面对很多无奈的痛苦，深陷在无法自拔的困境之中。

放弃是一种智慧，一种豁达，它不盲目、不狭隘。放弃，对心境是一种宽松，对心灵是一种滋润，它驱散了乌云，它清扫了心房。有了它，人生才有坦然的心境；有了它，生活才会阳光灿烂。

在人生的旅途中，需要我们放弃的东西很多。如果不是我们应该拥有的，我们就要学会放弃。在漫长的人生旅途中，会有风风雨雨，有所得也必然有所失。我们只有学会了放弃，才能拥有一份成熟，才会活得更加充实、坦然和轻松。

爱和兴趣让你把握幸福

一个幸福的人，以客观的态度安身立命，他具有自由的爱和广泛的兴趣，凭着这些爱和兴趣，以及它们使他成为他人的爱和兴趣的对象，他获得了幸福。

——罗素《幸福的人》

罗素认为，凭借自由的爱和广泛的兴趣，我们就能成为一个把握幸福的人。

我们不需要问什么是爱，也不需要追逐它。爱不是一个词语，不是感激、依赖、嫉妒、占有或责任和义务，也不是给你提供快感的动机，它是对生命的美的敏感和知觉。

虽然我们并没有说“我爱整个世界”，但是当我们知道如何爱一个人的时候，我们就会知道如何去爱所有的人。那时候我们也不会计较爱有多少，而只是体会爱有多么美妙。

对于一切事物来说，只有热爱才是最好的动力，它远远超过责任。如果不感兴趣地去做一件事，那么我们的内心就会有冲突，就不能思考，就不会发自内心地去从事它、观察它，与它的接触也是勉强敷衍，这样的交往并不是真正的交往。

然而当我们对一件事情由衷地感兴趣，那么我们就会全身心地投入其中，并且把快乐自己喜爱的事物结合在一起，内心就不会矛盾，存在及行动就得到了统一。做自己喜欢的事，并用最灵活的心智去觉知它、观察它、理解它，然后产生对它的爱，只有在这种状态中才能够做个真实快乐的人。

如果我们已经清楚了什么是自己爱做的事，并且献上自己的整个生命，那么我们的心中就没有矛盾，在那种境界里，我们的存在和行为就完全合一了。

残缺和得不到对幸福必不可少

一个很容易得到自己想要的东西的人往往会认为，愿望的满足并不能带来幸福。如果他有点哲学思辨的气质，便会得出结论：人生的本质就是不幸，因为拥有了自己所要的一切的人并不幸福。他忘记了，残缺不全，正是幸福的必不可少的条件之一。

——罗素《权力的冲动》

我们只有在鲜花凋谢的缺憾里，才会更加珍视花朵盛开时的温馨美丽；只有在人生苦短的愁绪中，才会更加热爱生活，拥抱真情；也只有在泥泞的人生路上，才能留下我们生命坎坷的足迹。

世界上根本就没有绝对完美的事物，完美的本身就意味着缺憾。其实，完美总包含某种不安，以及少许使我们振奋的缺憾。没有缺憾，生活就会变得单调乏味。残缺之美才是真正惊心动魄的美。欣然接受缺陷，才能发现隐秘之处的幸福。

正如西方谚语所说："你要永远快乐，只有向痛苦里去找。"

就是因为有遗憾，才让人有不断去追求的过程，一味追求所谓的完美，是无法真正领悟到生活的真谛的。生活因为存在着不完美，存在着遗憾，所以才会有那么多的追求，所以才会有不断的努力。一味追求所谓的完美也给自己相当的借口。不能正视现实的人，不能正视缺陷的人，只能活在理想中，最终被自己的愚蠢所打败。

在遗憾的真实中，重新去认识自己，重新去看待自己的生活，给自己一个进步的空间，每次对自己有新的期许，不让自己骄傲自满，努力让自己人生的这部电影有个美好的过程，而不是去追求所谓的完美，忘掉真正的目的。

忠诚是发自内心的美德

忠诚是一种发自内心的美德，它能给忠诚的人带来幸福；但如果将它当做一笔交易，幸福感将会很快消失。

——罗素《幸福之路》

忠诚的人是高尚的人，忠诚是立身之本，它是一种义务，忠诚面前没有条件，忠诚比金子更可贵，忠诚胜于能力。

忠诚于自己的工作，忠诚于公司，忠诚于老板，忠诚于自己的领导，这是一个员工的高尚品德。

忠诚建立信任，忠诚建立亲密。只有忠诚的人，周围的人才会信任你、承认你、容纳你；只有忠诚的人，周围的人才会接近你。老板在招聘员工的时候，绝对不肯把一个不忠诚的人招进去；客户购买商品或服务时，也绝对不会把钱付给一个缺乏忠诚的人；与人共事，也没有谁愿意和一个不忠诚的人合作；交友，也不会选择不忠诚的朋友；组建家庭，那更是要看对方对自己是否忠诚，对方又是否值得自己付出忠诚……总之，人活着，就离不了忠诚。

忠诚不是讨价还价，忠诚是你作为社会角色的基本义务。

因为真正的忠诚是一种发自内心的情感。这种情感如同对亲人的情感、对恋人的情感那么真挚。

一切道德品质中，善良最重要

在世界上一切道德品质中，善良的本性是最重要的。

——罗素《幸福之路》

善良就如天使的翅膀，可以带来绚烂和美丽。只因你善良的回眸，可能就会使一颗在寒冬中挣扎的心享受到春的明媚。善良又如沙滩上的粒粒细沙，看似平凡琐碎，但又无处不在。

善良，是一种温馨的力量，它总是很容易聚集人气，使你成为最受欢迎的一个。一个人的生命，除非有助于他人，除非充满了喜悦与快乐，除非养成对人人怀着善意的习惯，对人人抱着亲爱友善的态度，并从中得到喜悦与快乐，否则他就不能称得上成功，也不能称得上幸福。

做任何一件事情，能怀着为了他人、为了大家、为了社会、为了世间的善良的想法，这样的愿望就定能实现。

倘若我们期盼得到一个美好的人生，就要在自己的心灵中耕作，播下善念，摒弃恶念，留下纯净的，去除肮脏的。这个过程就是自我反省，每天自省可以扫除心中的邪念，使思想更纯净，让心灵的花园鸟语花香、清新高尚。

人人都希望自己的内心是一片开满鲜花的美丽乐土。抑制自己的邪恶之心就是拔除心灵的杂草，播种下自己喜爱的鲜花，精心灌溉、施肥，时时修剪，就是培育善念，让善良之心占领思想阵地，时时反省自己，使善念在心，便似备受神明眷顾，一切有如神助。只要坚持进行下去，便可以收获成功，采摘幸福。

幸福是一种满足的状态

想要获取幸福，有四个因素最为重要：第一是健康，第二是足够满足你需要的收入，第三是愉快的人际关系，第四是成功的工作。

——罗素《谈幸福》

幸福的福字就是一件衣服一口田，够吃够穿就可以了，知足常乐。

有人会说，幸福在于得到自己想要的。我们想要一辆汽车，就有一辆汽车；想要和某人在一起，就能和某人在一起；想拥有一所大房子就有一所大房子；想成为一个政治家就能成为政治家，那就是幸福。如果这些想要的没有得到实现，那么我们就是不幸的。所以我们所谓的幸福就是得到我们想得到的，诸如成功、名望、地位、金钱等。

在罗素看来，幸福的人生莫过于拥有健康的身体、足够的收入、愉快的交际和一份合适的工作了。

拥有健康并不能拥有一切，但失去健康却会失去一切。健康不是别人的施舍，健康是对生命的执著追求，是幸福人生的基础；一定的收入是维持生活所需的必要条件，但并不是越多越好，以知足之心看待自己所有，便能够活得惬意而洒脱；充满爱和愉悦的人际关系，可以让我们感到温暖；拥有一份适合自己的工作，我们便不会为每天的辛苦和忙碌而感到厌烦，而是会让自己浸润在感恩和欣喜之中。

我们通过思想和观念来寻求幸福，这使得那些思想和观念就比幸福本身具有更大的价值。幸福常常被那些所谓的成就掩盖起来，我们感觉到的是那种能触摸得到、看得到、听得到的物质，而不是幸福本身。

其实，幸福是一种满足的状态，而不是物质的东西。我们通过物质欲望的实现来感觉幸福，但这种幸福特别短暂，而这短暂的幸福又很容易因为时间而转化为陈旧的东西，接着换来悲伤。当我们抛弃这些物质的支撑时，就已经身在幸福之中了。

美好人生为爱唤起，为知识引导

美好的人生是为爱所唤起，并为知识所引导的。爱和知识那是没有止境的；因此，无论一种人生如何美好，总还能想象更美好的人生。

——罗素《美好的人生》

罗素认为，在美好的人生中，爱和知识都是必要的，但爱在某种意义上更为重要。因为它能引导有识之士去寻求知识，以便他们更加明确如何为所爱的人谋取幸福。

知识的获得总能带来精神的愉悦。知识的价值远远大于财富的价值。知识带给人的愉悦远远大于财富带给人的愉悦。金钱可以被抢走和剥夺，唯有知识和获得知识的愉悦才是一旦拥有就永远不会失去的东西。

一个人有多少知识，就有多少快乐，他的知识和快乐可以是相等的。对同一个问题的解决，在其他条件都相同的情况下，一个具有丰富知识和经验的人，比一个知识贫乏或缺乏经验的人，更容易产生新的联想和独到的见解，也更容易既快又漂亮地把事情处理好。

但是，只有知识也是不行的，无论是多么精确而明智的知识，都不能很好地解决我们的问题。唯有将深厚而广泛的爱注入其中，才能让我们的心灵空间充满自由和新鲜。这样，我们的生活就不会变得肤浅，不会变成一条单调乏味的、甚至带来毁灭的狭窄的栈道。

一个人对爱和知识的需要，就应该像需要空气一样。我们获取的爱和知识越多，同时获得的快乐就越多，心中的幸福感也会越发强烈。

■在满足与舍得中热爱生活

我热爱生活；随着岁月的流逝，我对生活更加热爱。这一方面是由于我已经发现了我最想得到的东西，而且慢慢地得到了其中的一大部分；另一方面，则是由于成功地放弃了某些向往的目标，因为实际上不可能得到它们。

——罗素《幸福之路》

幸福是什么？一千个人就会有一千种答案。幸福本没有绝对的定义，在罗素看来，幸福就是纯朴的生活，就是将小我融于大我，就是你此刻能拥有与已拥有的一切。

每个人都渴望获得幸福，但是在追求幸福的过程中，很多人忽视了身边唾手可得的快乐，还有很多人身在福中不知福。

幸福的起点，来源于知足。只有知足，才能品尝到更多的喜悦与快乐，获得更多的自信与潇洒。一个人，要知足、惜福，在遭逢逆境时不抱怨，一帆风顺时懂得感激，无论何时何地，都感到心满意足，才会真正幸福。

患得患失是人生的精神枷锁，是附在人身上的阴影。当一个人被某种利益牵扯时，就会产生患得患失的心理，在行事过程中就会出现差错。

满足不在多加燃料，而在于减少火苗；不在于累积财富，而在于减少欲念。当欲望产生时，再大的胃口都无法填满，贪多的结果只会是无穷尽的烦恼和麻烦；学会接纳自己，欣赏自己，使我们从欲念的无底深渊中得到释放与自由，是快乐的始发站。

尽管痛苦是无止境的，人的欲望是无止境的，但是只要我们能知足，便能让欢乐和幸福长存心中。

■主宰生活的三种简单而强烈的情感

三种简单却极其强烈的情感主宰着我的生活：对爱的渴望、对知识、对人类痛苦的难以承受的怜悯。

——罗素《幸福是可能的吗》

三种简单却极其强烈的情感主宰着我们的生活：对爱的渴望、对知识的追求、对人类痛苦的难以承受的怜悯之心。这三种情感，像一阵阵飓风一样，任意地将我们吹得飘来荡去，越过痛苦的海洋，抵达绝望的彼岸。

我们寻找爱，首先，因为它令人心醉神迷，这种沉醉是如此美妙，以至于我们愿意用余生来换取那几个小时的快乐。我们寻找爱，其次是因为它会减轻孤独，置身于那种可怕的孤独中，颤抖的灵魂在世界的边缘，看到冰冷的、死寂的、无底深渊。我们寻找爱，还因为在爱水乳交融时，在一个神秘的缩影中，我们见到了先贤和诗人们所想象的、预览的天堂。这就是我们所追求的，尽管对于凡人来说，这好像是一种奢望。但这是我们最终找到的。

我们曾以同样的热情来追求知识。我们希望能理解人类的心灵，希望能知道为什么星星会发光。我们也曾经努力理解毕达哥拉斯学派的理论，他们认为数字主宰着万物的此消彼长。我们了解了一点知识，但是不多。

爱和知识，可以最大可能地，将人带入天堂。可是，怜悯总是将我们带回地面。人们因痛苦而发出的哭声在我们心中久久回响，那些饥荒中的孩子们，被压迫者摧残的受害者们，被子女视为可憎负担的、无助的老人们，以及那无处不在的孤单、贫穷和无助都在讽刺着人类所本应该有的生活。我们渴望能够消除人世间的邪恶，可是力不从心，我们自已也同样遭受着它们的折磨。

这就是我们的生活。我们觉得活一场是值得的。如果给我们机会的话，我们愿意开心地再活一次。

踏上自由之路

■为永恒的事物点燃自己

人生最大的自由，是放弃为个人狭隘的幸福所作的争斗，摒弃对短暂欲望的一切热心，带着热情，为永恒的事物而点燃自己。

——罗素《罗素自传》

崇高、远大的理想，是人生强大的精神支柱，有了这样的理想，茫茫人生路，才会有光明的前途，人生之舟才能沿着正确的方向扬帆远航。

历史上，许多杰出的人物之所以伟大，之所以为人们敬仰，就是因为他们有崇高的理想，有为人类进步和解放而奋斗终生的鸿鹄之志。世界上因为富有资财而遭受祸害以致丧生，或者因为追逐获利而不能自拔的人是很多的，而他们要追求的是常驻不变的善，因而他们才能够获得最大的终极自由。

世俗的幸福是财富、荣誉和感官快乐，这些非但不能使人获得长久的快乐，相反还是陷溺人心的罪恶。真正的幸福和世俗的幸福正相反、势不两立，二者必居其一。

一个人拥有再多的外在华丽，皆不如内心慈善来得美好。而内心美好，会使人散发无与伦比的内秀，得到世人的爱戴和尊重。

伟大的代价是责任。人们从来不会指望一个游手好闲、没有责任感的人能够成功。只有在真正懂得了责任的意义和内涵，并付诸行动时，才预示着开始走向新的历程。

一个人只有真正为公众的利益担当起自己应有的责任时，他的所作所为才会变得伟大而值得称颂。具有一颗崇高的责任心，一个人就拥有了生命的脊梁。

■没有当下的价值也就没有未来

只注视着未来，认为今天的全部意义只在于它将产生的结果，这是一种有害的习惯。没有局部性的价值，也就没有所谓的整体性的价值。

——罗素《幸福之路》

爱因斯坦曾经说："我从不去想未来，因为它来得太快。"

在你幻想未来的时候，未来已成为现在，你稍一犹豫，现在又已变成过去。聪明的人，不会太多地停留在昨天，也不会太多地幻想明天，而是牢牢地把握住今天。时间不因为回忆而增加长度，时间也不因为人的幻想而增加厚度。当下是美的，稍不经意，就将流逝消失。生命的意义在于珍惜当下、把握今朝。

社会的浮躁让我们的心灵迷蒙，使我们忘记了当下的时刻，反而沉浸在对过去的悔恨和对未来的虚幻的想象之中。回忆过去往往会引发悲伤，而想象未来则有可能引发恐惧。其实最重要的就是活在当下，不要让此刻悄然流逝，不要让无谓的烦恼加重自己的负担。我们不知道自己的生命到底有多长，但我们却可以安排当下的生活。只要把握好现在，我们的人生就一定不会失色。

无论是历史还是人生，都是无穷无尽、生生不息的，没有了结之时。在时间的脉络中，唯一能够把握的就是现在。所以，不要牵挂过去，不要担心未来，幸福就在此刻，把握好了现在，便能时时体验生活、觉知幸福。

■兴奋有益但要适度

一定的兴奋对身心是有益的，但是，与一切事物一样，问题在数量上。数量太少会引起人强烈的渴望，数量太多则使人疲惫不堪。因此，要使生活变得幸福，一定量的厌烦忍受力是必要的。

——罗素《幸福之路》

要避免过度的兴奋，一定限度的厌烦是不可缺少的，过度的兴奋不仅有害于健康，而且会削弱对各种快乐的欣赏能力。

正如罗素所说，一定量的兴奋是有益身心的，但是，同一切事物一样，问题就在量上。量变往往会引起质变，数量不足时会引起人强烈的渴望，数量太多则会使人疲惫不堪。例如，适量的鸦片可以用于手术的麻醉，然而一个吸食鸦片成瘾的人沉浸于其带来刺激与“享受”时也牺牲了自己的健康；适度的性爱可以让人身心愉悦，一个纵欲过度的人在享受了性爱的欢愉过后随之而来的则是身心的空虚乏味乃至沉沦。

兴奋过于充足的生活会使人精疲力尽，在这种生活里，人需要连续不断的强烈刺激，才能产生颤栗狂喜，而这种颤栗狂喜往往被人当作是快乐的主要因素。

过度兴奋的生活，不仅会导致严重的精神疾病，还会使美好的人生走向阴暗。只有舒缓紧张情绪，放松自己的心灵之弦，才能在人生的道路上踏歌前进。

疲劳过度其实是在追逐死亡

单纯体力上的疲劳，假使它并未过度，往往会成为幸福的原因之一。它使人睡眠充足、胃口大开、玩乐游戏的劲头倍增。然而一旦过度，就会变成一种极大的危害。

——罗素《悠闲颂》

充实的学习和工作所带来的疲劳感，对我们的身体和精神都是有益的。我们会因此而具有良好的睡眠以及一个好胃口。但是，如果这样的疲劳过量的话，也是会产生许多有害因素的。

疲劳，是一种信号，它提醒你，你的机体已经超过正常负荷，出现疲劳感就应该进行调整和休息，做到劳逸结合，张弛有度。如果长期处于疲劳状态，不仅会降低工作效率，还会诱发疾病。

疲劳过度的人其实是在追逐死亡。人体就像“弹簧”，劳累就是“外力”。当劳累超过极限或持续时间过长时，身体这个弹簧就会产生永久变形，导致老化、衰竭、死亡，所以每个人都要小心地保持它的弹性，不要超过它的弹性限度。因此，适当的休息和减压是保持“弹力”的良方。这样才能增加人体的承受力，保持旺盛的生命力。

健康是人一生最重要的资本，没有了健康，纵然有再多的财富也是枉然。我们的每一种能力，每一种精神机能的充分发挥，以及我们整个生命效率的增加，都有赖于体力的旺盛。

失去了健康，生命会变得黑暗与悲惨，会使你对一切都失去兴趣与热诚。能够有一个健康的身体，一种健全的精神，并且能在两者之间保持美满的平衡，这就是人生最大的幸福！

如果你将工作看得很重

如果我是一位医生，对那些把自己的工作看得很重要的病人，我开的药方将是：休假！

——罗素《幸福之路》

为工作而忙碌是一种生活状态，但不应该成为我们心灵的常态。我们在工作之余，都需要休息、放松和娱乐，需要时间来思考一些事情，整理思绪，愉悦身心。

忙是必要的，但如果我们陷在忙碌中出不来，没有时间思考，那么就会停滞不前，整日陷入工作危机的苦恼中，更别提享受生活了。对于一个总是因过度的忙碌而感到烦恼与纷扰的人来说，生活乐趣好像是遥不可及的事情。

学会适时休息，在忙中偶然偷得半日闲，于身于心都大有裨益。放慢脚步，其实是一个养精蓄锐的过程。

罗素也提倡我们明智地利用休闲时间，好好放松自己，他认为这是文明与教育的成果。如果一个人总是长时间辛苦劳作，那么他一定会深感厌倦，也会和许多美好事物擦肩而过。

我们不应该将正当的娱乐和休假的愿望强行压制，而是应该将工作的目标与没有害处的享乐更好地结合。尽管的确应该奋斗拼搏，实现自己的理想，但我们也要记得在打拼的日子里保留对生活的热爱，不能放弃寻找快乐，不能丢失内心的充实。我们要让工作变得更加从容，用更多的时间和自由来欣赏生活的乐趣，重拾被忙碌的岁月所磨掉的情怀。

放下手中的一切，给自己放个假，给心灵放个假，好好地感受一下真正的生活。

■你只要知道：你真正了解自己

事实上，你并不需要多么貌美、智慧或者身心愉悦，你只要知道，你真正地了解自己。

——罗素《幸福之路》

在漫漫人生道路上，我们总是忙于不断追求各种利益来满足物质上的种种欲望，却忘记审视内心，想想生存的真正意义；我们也常常忙着左顾右盼地评判别人，却忘了应该先审视自身、认识自己。许多人或许从不曾真正面对过“自己”，不曾认真地审视过那个真实的“我”是什么。

古往今来的哲学家，不断提醒人们要“认识自己”，但是古圣先哲却没有提出具体准则，让我们知道如何行动才能获致足以支配个人命运的“自我了解。”

古希腊德尔菲的女祭司说“认识自己”时，她并非只对希腊人而说，这句话也对全人类点出了认识自己的重要性。认识自己之于个人生存，就如同食物、衣服、遮风避雨处之于肉体生存。

西塞罗也说过，“认识自己”的格言不仅旨在防止人类过度骄傲，也在于使我们了解自己的价值何在，因为只有了解了自我价值。才能更进一步的走向成功。

认识自己，是通往成功的第一步。越接近自己的内心，离成功的距离也就越来越近了。

平静的生活是伟人的特征

平静的生活是伟人的特征之一，他们的快乐，在旁观者看来，不是那种令人兴奋的快乐。没有坚持不懈的劳动，任何伟大的成就都是不可能的；这种劳动如此令人全神贯注，如此艰辛，以至于使人不再有精力去参加那些更紧张刺激的娱乐活动。

——罗素《幸福之路》

伟大的人，都懂得什么是真正的享受。他们的生活看似平淡而波澜不惊，仿佛还不如普通人的日子过得多彩绚烂。其实，这正是伟人之所以成为伟人的原因之一。

真正有智慧的人，他们从不追求五光十色的感官享受，他们明白，享受生活是一种超然的生活境界，是在领略了生活真意后的洒脱和自然。刺激的活动会让我们的心陷入焦躁和烦乱之中。只有在平静的生活中放松自己，才能活出诗意和真正的人生。

享受生活，是要努力丰富生活的内容，努力去提升生活的质量。愉快地工作，也愉快地休闲。这就可使烦忧消散，灵性回归，亲情融洽，过上一种修养灵魂的生活。

越是伟大以及具有非凡智慧的人，越是能聆听到生活中至真至纯的美妙声音。日常生活中的人，如果要想和这些智者一样，享受生活的乐趣和人生之美，就不能整天埋头于烦躁的工作和空虚的交际，而要多发现生活的点滴和细节。能够爱美、懂美，能够去发现生活中一切值得享受的事情，这样的人生才更加快乐和具有无可比拟的意义。

生命中最重要的奖赏是健康、坚强和健壮。旺盛的生命力和巨大的精神力量不可或缺，充沛的体力和精力是成就伟大的事业的先决条件。

我们需要有一个健康而强壮的身心，需要一份平静而充满诗意智慧的生活。这是可以做到的，只要我们能够去过一种有节制、有秩序的生活。

■工作的乐趣是获得满足而非赞誉

工作的乐趣对所有具备特殊才能的人都是敞开的，只要他能够从自己的技能的适用中获得满足，而不是要求全世界的赞誉就行。

——罗素《幸福是可能的吗》

如果一个人一开始工作，就觉得是做一件受罪的苦差事，那么就很难倾注自己的热情，所做的成绩也不会很出色，他的面前只是一片无边无际的荆棘。

而如果一开始就抱着很大的热情和希望，把工作当成一种享受，憧憬着美好的前途，并尽其最大的努力去工作，情况可能就会完全不同了。即使眼前是一片荆棘，也会立刻消失得无影无踪，出现一条平坦光明的大道。

但是，如果我们单纯用工作来填充自己的人生，那工作带来的压力会让我们倍感焦灼。因此，我们就要转换对工作的态度，把工作作为一种兴趣，带着激情去完成。

不要将工作仅仅当做领取工资的方式，而是应该以一个艺术家的心态，用创作一件完美艺术品的态度对待工作，这样我们才能够充分享受到工作带来的乐趣。

罗素认为，即使工作不是我们最大的快乐，它至少可以让我们减少虚度光阴的次数，可以让我们枯燥的生活变得较为充实有趣。另外，工作还有一个重要的好处，那就是辛苦忙碌之后的休假，将会变得格外甜美。

如果尽快结束一周的工作已经成为我们唯一追求的理想，那说明我们已经处在失去幸福生活的边缘了。为了避免在每日的闹钟声里迷失自己，我们必须要改变态度，要学会从适合自己的工作中发现无穷的乐趣，这样才能得到最长久最真实的幸福感。

不以自己的工作为耻

没有了自尊，便不可能有真正的幸福，而对自己的工作引以为耻的人是没有自尊可言的。

——罗素《我的信仰》

没有卑微的工作，只有卑微的工作态度。如果一个人轻视他自己的工作，那么他就会将自己的工作做得一团糟。如果一个人认为他的工作辛苦、烦闷，那么他也绝不会做好工作，在这一工作岗位上也无法发挥他内在的特长。其实任何一种工作都有它存在的价值，工作没有高低贵贱之分，最重要的是我们能否保持一颗感恩的心。

永远不要对别人妄加揣测，更不要对自己的工作妄自菲薄。如果因此而丧失工作热情，就会坐失学习和提高的机会。

任何一份工作都不是“鸡肋”，而是“机遇”。这些工作都是在为自己积累经验，储备力量。机遇藏在每一份工作中，也藏在每一个任务背后。

工作就是一种爱，对生命的爱；工作也是一种责任，对生命的责任。当你满怀一颗爱心去工作的时候，你便尽到了对自己、对他人、对生命的责任。带着爱心工作是感恩生命的唯一途径。

将工作视为天职与信仰的精神很容易触发人内在的使命感，从而使人将工作是一种天职的信仰转化为工作是一种使命的动力，这种动力也正是创造奇迹和完美品质的深层动力。工作是天职，是使命，是生命最珍贵的馈赠。每一个将工作视为使命和信仰的人，都会深深感谢和热爱自己的工作，他们是真正悟懂工作和幸福真谛的人。

如果能够以一颗感恩的心去工作，去帮助他人，为他人创造价值，那么我们不仅能够感受到工作带给我们的价值感和成就感，体会工作带给我们内在的幸福与和谐，也能够持续地以一颗微笑和感恩的心来面对这个世界。

幸福不能靠等待幸运

幸福不是成熟的果子，仅仅靠着幸运的机遇就能掉进你的嘴里。

——罗素《努力与舍弃》

机遇面前，一味空等是愚蠢的。倘若我们认为机遇还没有来到，因而堂而皇之地为自己的不求上进找借口；倘若我们只想着等待机遇，而不懂得主动创造有利于自己的机会；那么，幸福就会在时光的变幻中逐渐离我们而去。

这就像罗素所说的，幸福并不是树上的果子，不去争取只凭等待机遇的降临，是不可能品尝到甜美果实的。机遇不是上苍的恩赐，它是靠我们主动争取、主动创造出来的。机遇是珍贵而稀缺的，又是极易消逝的。你对它怠慢冷落、漫不经心，它也不会向你伸出热情的手臂。

我们所要做的事，应该一想到就马上着手去做。因为世界是变化的，我们的想法也是会变化的，有多少意外，就会有多少犹豫和拖延。在我们的一生中，永远有机遇在前方等着我们，但它们总是躲在一些角落里需要我们用积极的心态去行动，而不是在那儿守株待兔。只有欲望而不行动，我们将永远得不到自己想要的东西。

我们每个人都渴望获得成功，但是我们千万不可把时间浪费在坐等机遇上。机遇如同天神手中的魔杖，左右着人们的命运与成败。成功，它只垂爱能够抓住机遇，创造机遇的人；而不努力争取、漠视机遇的人，只能由悔恨和平淡主宰自己的一生。

感情有时是效率的绊脚石

在实际工作中，效率与我们对这一工作的感情并不协调。实际上，感情有时反而是效率的绊脚石。

——罗素《努力与舍弃》

很多人抱怨现在的生活步调都被调整得很快。在当今时代，效率被视为对人类文明的最伟大贡献。它是一种永远追求不完的力量，人们不可能达到的极致。

效率和花费的时间以及我们投入的感情却并不一定成正比。强迫自己工作，会损耗体力和创造力；而对一份工作怀着热爱之情，也并不意味着效率的提高。

想要做好一项工作，不仅需要向其中注入我们的感情，还需要明白我们是否适合这项工作，是否有能力，有责任心去认真完成它。我们对一份工作有着很深的热爱，这的确是做好它的一种保障。但是，我们的热爱也许仅仅只是主观上肤浅的本能的喜爱，而事实上我们自身客观条件却并不适合它。而且，一个人工作效率的高低，任务完成质量的好坏，最关键的在于责任心和勤奋的实际行动。哪怕再深爱，如果一贯懒惰、不负责任，不将这份喜爱化为工作的动力，那么也无法做好。

此外，工作效率的高低还与我们工作能力的大小有关。如果我们自身能力不足，即便对这份工作有着极为深厚的感情，也必定不会成为佼佼者。

不要为追求成功牺牲一切

成功只能是幸福的构成因素之一，如果不惜以牺牲所有其他一切因素以得到它，那么这个代价实在是太昂贵了。

——罗素《财富的崇拜》

我们总是过分地强调竞争的成功，以至于把它变成幸福的主要源泉。不可否认，成功的意识更容易使人热爱生活。

罗素举例说，一个在整个青年时期一直默默无闻的画家，一旦他的才华得到公认，他多半会变得快乐幸福起来。

在一定的意义上，成功能大大地增进我们的幸福感，而一旦超过这个范围，超越这个意义，结果也是大不相同的。

每个人都有欲望，而且欲望在许多时候都是一种催促我们前进的动力。在欲望的驱使下，我们会发现如今的这个世界既充满着机会，也充满着压力。机会诱使人去尝试，压力迫使人去奋斗，这些都使人终日奔波忙碌于世界的各个角落。当人们开始为了个人私利而不惜牺牲他者的生存权利时，我们的世界就变得丑陋不堪了。

如果一个人成天努力着要成为一个有成就的人，要做出令人瞩目的成绩，他的头脑里面满是“成为”和占有，背负着各种各样沉重的包袱，也便根本没有时间来享受清闲，他的头脑也不会清醒。

为了保持我们心智的清醒，我们就必须储备灵魂中巨大的力量，而不是将它浪费在欲望、冲突、挣扎当中。

事业的成功，众人的关注和追捧并不意味着我们的幸福，而获得一份心灵的富足与平和，才是我们应当毕生去追求的。

■成功的结果依赖优异的表现

无论一个人从事的是何种职业，成功中总有竞争的因素。同时，为人们所尊重的不仅仅是成功，还有那优异的表现。不管其形式如何，成功都得依赖于这种表现。

——罗素《财富的崇拜》

无论多么伟大的梦想都是一步一步、一天一天积累，最终才能实现的。

不要把今天不当一回事，如果认真、充实地度过今天，明天就会自然而然地呈现在眼前了。全力以赴地过好现在每一瞬间，先前还未能看见的未来之象就自然而然地可以看见了。

无论多么渺小的工作，都要抱着问题意识，采取积极的态度对现状进行改良。能坚持这么做的人和缺乏这种精神的人，假以时日就会产生惊人的差距。

我们完全有可能在平凡的工作中点燃自己工作的激情。如果把工作看作是创造力的表现，那么一个教师就会以导演的热情讲好每一堂课；一个记者就会以探索的视角去看待所报道的新闻事实；一个厨师就会以艺术家的执著去配置一流的拼盘。只要我们学会从工作中寻找乐趣，全身心地投入工作，就可以不断创新，实现飞跃性的进步。

理想精神下的人充满希望与喜悦

教育应受到鼓励，不是以惋惜的心情追求那已灭亡的希腊和文艺复兴时代的美景，而是追求辉煌的远景，指出将来应有的社会、思想在未来的时间内所要完成的胜利和人窥测宇宙的日益广阔的眼界。凡是在这样的精神之下教育出来的人，将会充满了生命、希望和喜悦。

——罗素《教育的力量》

在这个竞争异常激烈的社会中，我们能否取得成功、获得幸福，关键还要看自己的眼光有多远。你能看多远，你就能够走多远。大格局才能有大成就。

人生中最大的目标可以说是理想。对一个积极的人来说，必然有远大的理想。理想是对未来的追求，是远方的诱惑，它给人战无不胜的力量，所以有人说，理想目标是人生的太阳。

人生的目标有大小之分，有人说目标向上看是信仰，向下看是意识；向远看是志向，向近看是计划；向外看是抱负，向内看是责任。这就是说，任何伟大的目标，没有植入你的内心或没有成为切实可行的计划及责任之前，都是一种空想，只能画饼充饥，毫无现实意义。只有靠切实的行动才能实现自己的目标。

一个拥有远大理想的人，就会拥有执著的心态和行动。他不会为了一时的安逸而不思进取，放弃自己的这一远大目标。

我们都应该拥有一个远大的目标，树立崇高的理想。它就像一个望远镜一般，会让我们看向更远处的美丽风景，而不是只局限于眼前的狭小天地。

■封闭的信仰使人心生安逸

自由思考的人不会像封闭在某个信条中的人那样感到温暖、舒适并获得社会的认同。因为教条给予人的温暖感受就像风雪交加时坐在炉火旁一样安逸。

——罗素《教育的目的》

每一个人都受到来自生活不同方面的影响，在这些有意无意的影响中，我们学会了通过某一确定的标准来判断事物。而且在深层意识当中，我们将自我限定在一个有限的范围里，我们的思想来源于大脑中的记忆、传统的积淀，受到种种条件的限制，牢固稳定不轻易改变，与已形成的教条、信仰、经验和知识保持一致，形成了根深蒂固的思维模式。

让自己封闭在某种教条之中，就会奴役我们的心智，束缚我们思想的能量。也许我们自以为有了这些可以遵守的条条框框，就会带给自己可以依赖的安全感。殊不知，正是这些心理上的依赖，才会反映出内心的不安全和恐惧感。

自由是思考的本质，独立的思考意味着我们不带任何分心。当我们观察和认识事物的时候，不是依据自己特定的反应、经验、成见，不是固守自己的思维方式。我们必须摆脱自己的观念和偏见，丢掉所有的局限，才能够对一个理想、一个历史的结论，或某个哲学观念有着清醒的认识。

不用去考虑是否符合某种既定规则，也不要畏惧是是非非，在真正的自由中，你的思想由你无忧无惧的真心发出，这种自由思考的活力本身，就足以让你获得新的生活。

教育是培养追求真理的愿望

教育应该培养追求真理的愿望，而不是相信某种特殊的信条就是真理。

——罗素《财富的崇拜》

使人轻信的教育，经过一个时期，很快就会将思想引导到腐朽；使自由发问的精神活着，是达到进步所不可缺少的最低限度的要求。

真正的教育，是不以任何权威或传统学说和手段为基础，借以把个人加以某种特定的限制，而是帮助个人成熟、自由，绽放于爱与善良之中。一旦教育以呆板的原则为基础，它足以制造出有效率的男男女女，却无法培育出有创造力的人。

无论是政治权威还是信仰权威，背后都充满了暴力。表面上，封闭的、强制的权威知识给予了我们一种被保护的安全感和心满意足的快乐。但事实上，权威是一个需要被打碎的枷锁，因为它将会禁锢我们的思想，使我们失去宝贵的思考能力。

一个人没有独立思考的能力，很难领悟人生的真谛，而且会丧失主见，很容易别人一开口就变得惊慌失措。没有独立思考能力的人，将永远被他人的意见和价值观左右，永远不可能有闪光的思想和新颖的创意。独立思考问题、独立解决问题的能力是保持个性的重要方面，也是一个人立足于世不可缺少的条件。

生命没有结论、没有模式，它是活的、变的。一开始就带着结论，寻找预设的答案，就不会有正确的思考，就不会懂得如何生活。任何公式或结论，都会阻碍我们对于心灵作用的发掘。

善于思考的人是有足够智慧的人。教育应该培养学生追求真理的热情，而不是盲目地让他们迷信某个权威、某种教条。思想是世界上所有成功、富裕和快乐的来源，只有充斥着自由的思想，教育才能发出它应有的光芒。

不知休息就像没有刹车的汽车般危险

将来的社会不容不工作的分子，亦不容偏重的工作。而现代社会趋向于侵蚀，完全剥夺了合理人生应有的余闲，这是极大的危险与悲惨。

——罗素《余闲与机械主义》

世界著名企业家福特说过这样一句话：“只知工作不知休息的人，就如没有刹车的汽车，其险无比。而不知工作的人，则和没有引擎的汽车一样，没有丝毫用处。”

不会休息的人也不会工作，一刻不停地忙碌只会透支你的生命，降低你做事的效率。要想减少生活中的压力，我们便要学会休息。在休息时间充分地放松自己，享受生活，才能在第二天的工作时间开始后，立即精力充沛地投入其中。而且，这样的人和那些连休息时间都在为工作而忧虑的人相比，往往会有更加优秀的表现。

休息是工作的一部分，更是生活极为重要的一部分。对工作的狂热尽管是我们实现理想、获得成功必不可少的保证，但如果长久如此，那么不但不会使我们的事业愈加辉煌，反而还会让已有的幸福感逐渐消逝。

我们必须明白，工作的目的是提高生活的质量，玩命地工作换来的只是财富的积累，健康的透支。正如罗素所说，一味地沉迷于工作而不知道休闲娱乐，这将预示着你不会成为一个真正有所成就的人。只有懂得有张有弛，劳逸结合，才能保证拥有一个健康的身体，灵敏的头脑，更好地追求事业和财富，以及生命中所有的幸福。

探究不幸之源

■人类本能不会完全以自我为中心

如果一个人对这世界唯一所关心的只是这个世界应该对他表示崇敬，那么他往往不大可能达到这个目标。即使达到了这个目标，他仍然不能获得完全的幸福，因为人类的本能永远不会完全地以自我为中心。

——罗素《虐待狂》

以自我为中心，是人生净心的最大障碍之一。它是人性对自我的盲目执著，更简单说，就是人的私心和私欲。过度执著于自我作为人性的根本缺陷，深深潜藏于知见、情绪、实践等各个方面。它会使我们封闭在自我的小空间里，反而迷失了真正的自己。

以自我为中心的人，总是感到凡是我想的，便理所当然是对的；凡是我要的，便理所当然要得到；我理所当然高于一切、优于一切。这样，就会不可避免地产生偏执、痛苦、贪婪、怨恨。

自我心太重的人，往往是骄傲自大的人，他们在无意中会在自己与外界之间树起一道无形的城墙，形成与外界的隔膜。这使他们变得狭隘、自私、目中无人，如井底之蛙，看不到更广阔的世界。

众生平等，如果我们不能以平等之心对待别人，别人也不能以平等之心对待自己。以恶对恶，以自私对自私，开始了自私与恶的恶性循环，人因此而难逃苦海。

我们只有真正做到在实践上破除狭隘的自我，才能获得真正的自由和解脱，能够做到“无我”，反而是自我存在感最强烈的时候。

吝啬是自由而高尚生活最大的障碍

吝啬，比其他事更能阻止人们过自由而高尚的生活。

——罗素《什么使人不幸》

无论是谁，都会不可避免地有着私心和私欲。在太多的时候，我们只是在为自己而付出，只愿向别人索取。可是我们应该知道，在这个世界上，没有人能够独立生存，如果过于吝啬，不但会让自己的生活失去很多乐趣，也会损害自己与他人之间的情谊。只知索取而从不付出，那么当你需要别人帮助的时候，你得到的只会是冷冷的眼神和远远的背影。

吝啬者几乎都是自私而又贪婪的，他们总嫌自己不能尽快发财，总想不劳而获或者少劳多获。他们还总是担心自己的财富会失去，于是整天提心吊胆，防范别人，毫无愉快幸福可言。

其实，珍视自己付出了汗水和辛劳来换取的应得回报，舍不得轻易给予别人，这本是理所当然的。但如果不加节制地放任私心和贪欲的增长，则会产生莫大的危害。假如人人都吝啬于付出，彼此不愿互通有无，那我们心灵的家园就再也不会拥有明媚的阳光，再也不会体验到充满生机和乐趣的幸福。

生命不是用来吝啬的，乐于为别人付出，自己也会获得财富和精神上的满足，你的人生也会因付出而快乐、升华，你得到的是生命的延长和增值。

在每个人心灵的大花园里，都应该有一块地方留给别人种植快乐。这份快乐不但会惠及别人，更会滋润自己，这座大花园就永远不会荒芜。

害怕其实是怀疑自己的力量

狗在人害怕时而不是对它表示蔑视时，叫得更凶，也更会咬人，人类社会也有同样的特点。如果你害怕这个社会，等于给了别人捕获你的机会，而如果你对它不屑一顾，它就会开始怀疑自己的力量，因而倾向于对你放之任之。

——罗素《舆论恐惧症》

人与人之间的机会是平等的，在竞争中也是如此。所以，要想和别人一样平等，就不能太过老实。否则，自己越害怕，反而就会成为别人欺辱的对象。

随着社会的发展，竞争日趋激烈，如果常常以一个“弱者”的姿态出现，不但不会引起别人的同情，相反，还会使得每个人都往其头上踩上一脚。

性格懦弱忍气吞声，处处忍让的老实人，最终只会被逼到现实的角落。要么继续隐忍，让出自己的最后领地，要么反击，争取自己应有的权利。这是老实人最终面临的选择。

者。

他们在欺压下恐惧感越来越强，只好继续忍让退避，结果处处受人欺负，比自己地位高的不把你放眼里，和自己一样的人则瞧不起你，甚至地位不如自己的人也暗地里嘲笑。

有些人认为"吃亏就是占便宜"，吃点小亏没什么，用阿Q精神来安慰自己。这种想法只是让老实人的现状处境越来越糟。在竞争日益激烈的当今职场中，一味忍让退避与性格懦弱，使得自己常常面临着处处受人欺负的处境，而且讨不到好。

正确认识自我，是化解嫉妒的良药

在通常的人性中，忌妒是一种最不幸的情绪。忌妒者不仅希望别人不幸，只要不受惩罚，他就会付之行动，而且他自己也因忌妒而遭受不幸。他不是从自己的所有物中引出快乐，而是从别人的所有物中引出痛苦。

——罗素《幸福之路》

嫉妒，对每个人来说都不陌生，它是一种自然产生的情绪。当它被控制在适当范围内的时候，可以成为使人奋发向上的动力；但是如果过量的话，就会带给人心灵的极大危害。正如一句话所说：任何人都可以变得很恶毒，只要你尝试过什么叫嫉妒。

如果一个人缺乏正确的竞争心理，看到别人取得成绩，内心便产生严重的怨恨。时间一久，心中压抑积聚，就会形成嫉妒的心理问题，对健康也会造成极大的伤害。所以说，嫉妒是痛苦的制造者，也是心灵的恶性肿瘤，它是破坏我们幸福生活的恶魔，我们必须要从心底消灭它。

治疗嫉妒的唯一方法就是幸福，但麻烦的是，嫉妒本身正是幸福的最大障碍。想要真正摆脱嫉妒心，不能只追求获得自我的成功，因为你总会发现比你更成功的人。甚至你会将自己与可能仅仅是想象中的比自己更幸运的人相比，导致产生虚幻的更加强烈的嫉妒心理。

真正能够化解嫉妒心的良药，就是正确地认识自我，评价别人。要接纳自己，认识自己的优点与长处，也要正确地评价、理解和欣赏别人。只有冷静地分析嫉妒的不良作用，准确地评价自己，才能准确地认识别人，嫉妒之心就会在平和的心态和正确的认识中钝化、消解。

无益的悲观有碍幸福

所有的江河都奔向大海，而大海却从不满溢；江河来到它们发源之处，在那里它们又回来了。

——罗素《拜伦式的不幸》

倘若悲观的人看到这句话，那么一定会为河流的循环之旅而感到失望，因为它们千辛万苦地从山间流向大海，却又被海水蒸发变成雨滴而落到它们发源之处。

这就像我们假日出门旅行，经过了若干天旅途劳顿，最终又回到家里。但我们并不能说这趟旅行是完全徒劳而无益的。所以罗素说：假如河水也有感情的话，它可能会像雪莱诗中的云朵一样，享受这种带有冒险性的旅行的刺激。

积极向上的生活态度，对幸福生活的主动追求，需要你总是选择乐观，乐观的人总能以阳光的心态迎接生活。

幸福的生活是由快乐的思想造就的，快乐的思想又是由乐观的个性产生的。乐观的人就是这样变通地看待生活和问题，他们总能在困难和不幸中发现美好的事物。

我们要善于发现事情光明的一面，不能总把目光停留在那些消极的东西上，那只会令我们沮丧自卑，徒增烦恼。那些阴影将会遮蔽我们的人生本来该有的光辉。积极的人生态度是一个人获得成功与快乐的一项重要原则，我们可以将这一原则运用到自己所做的任何事情上，这样我们就会幸福到永远。

自我欺骗不会带来真的幸福

要认识到，别人考虑你的时间总比你自己花的时间要少一些。

——罗素《虐待狂》

在我们身边，总有一些过分的自我感觉良好的人，他们经常充满幻想，只信任自己的智慧和能力，认为只有自己才是正确的；他们从来不接受别人的意见和劝告，觉得采纳了他人的意见等于是对自己的否定和贬低；自然地，他们会认为自己就是大家时常关注的中心，是众人目光的焦点。

这实际上是一种无知，它虽能导致傻瓜般的幸福感，让人得到一时之快。但实际上常常有损于名声，等于承认自己的愚蠢。他们的固执恰恰证明了他们并不是真正的强者。一个人如果太自负，就会很容易陷入一种莫名其妙的自我陶醉之中，变得自高自大起来。他会无视所有人对他的不满和提醒，终日沉浸在自我满足之中，无论功名利禄都要捷足先登，这样的人很难得到人们对他的理解和尊重。

这正像罗素所说的，有些人总认为他人的一切行动都与自己有关，而实际上，这种情况并不存在。英国政府曾在一段相当长的时间内，大多数行动都是为了遏制拿破仑。但是一个默默无闻的小人物却以为人们一直在关注着他，那就显得有点不正常了。

出色的人不必标榜自己的出色，也不用刻意彰显自己，因为真正的出色无须得到他人的认可。谦卑并不会否定真的崇高和伟大，自我标榜才显示出一个人的鄙陋和空虚，并且这种自我欺骗是不可能带来真正的幸福的。

幸福绝不会垂青懒散的人

幸福绝不会垂青于这样的人：摒弃了生活的基本动力的人。

——罗素《怎样才能自由和幸福》

曾经有人问罗素："你的言谈中似乎流露出这样的想法，认为凡事可以悠着点。"

罗素回答说："是的。不过根据我的经历来讲，这并不能让我感到快乐。一个人历经种种艰难而最终获得事业的成功，这往往才会有令人发自内心地狂喜。我一直认为，懒散的人和幸福是没有什么关系的。"

人是好逸恶劳的动物，我们总是希望在工作中减少体力付出，在生活中尽量舒服、安逸，获得更大的满足和安逸。但如果懒散已经发展成为一种习惯，它就会像细菌一样，在你的生活中蔓延，使你的人生到处弥漫着懒散的气息。懒散是一种精神腐蚀剂，它会慢慢地侵蚀着我们。一旦背上了懒散的包袱，生活将为你掘下坟墓。

一旦有了梦想和愿望，就必须付出行动。如果有梦想而没有努力，有愿望而不能拿出力量来实现愿望，梦想永远都只是一个梦想而已，这样的人没有资格摘下成功的甜美果实。

成功在我们看来似乎遥不可及，我们已经被远大的目标所累，倦怠和不自信使我们一味地感叹或埋怨未来的渺茫，从而放弃努力，在哀叹中虚度光阴。其实，我们不必畏惧遥不可及的未来，只要一步一个脚印地把眼前的事情做好，成功的喜悦就会在不知不觉中浸润我们的生命。

谦卑是将自贬作为获得声誉的手段

谦卑压制自尊，而没有教人真正尊重他人，它仅仅是将通常的自贬作为获得声誉的一种手段。这样就必然会产生虚伪和欺骗。

——罗素《教育的目的》

谦卑是一种内心安宁平静的状态，它的核心是心灵深处的善和自信。越是成熟的稻穗越是往下弯腰，同样地，一个人的学问修养越高，也就会越发显得谦卑。拥有一份淳朴而谦卑的气质，我们就可以用一颗永葆自由和新鲜的心，去诠释生活中每一个生动而有趣的事物。

但是，我们也不要过分谦卑，因为过度的谦卑是对谦卑的误解和扭曲，是不能正确认识自己的表现，不利于我们心灵的自然和健康。

在我们传统的文化精神中，谦卑的魅力和作用是非常大的。整个社会都赞美含蓄谦逊、淡泊温和的人，而对于具有高傲张扬、随心所欲个性的人则给予种种贬斥。因此，有很多时候，我们心中有某种欲望却不敢轻易表现出来，更不敢公开去争取；我们已经明知自己拥有某种东西，却也装作丝毫没有的样子，来博得别人的同情，消除对自己的敌视。有时候我们的确非常自信，甚至会在取得一些成就之后感到满足和喜悦，这其实都是极为自然的情绪。但是，为了避免成为社会中“憎恨强者同情弱者”这一传统思维的牺牲品，也为了给自己收获一个谦虚谨慎，不注重名利的好名声，我们不得不隐藏自己的理想和欲望，极力压制自己心中的自豪和愉悦。

事实上，妄自尊大和妄自菲薄都是有害于身心的错误心理。长期的过度谦卑，就会压抑自己的个性，消磨自信心，使人变得虚伪矫情。所以，我们应该培养正确的谦卑心态，诚恳而不盲目，不要让它阻挡我们走向幸福的乐土。

谨慎者不会偏执于兴奋的刺激

认识到使人兴奋的娱乐并非通向幸福之路，是很有意义的，虽然人们会认为由于使人更满足的欢乐是可望不可即的，因而除非通过兴奋的刺激，否则生活就会变得令人难以忍受。一个谨慎的人唯一能够做到的是约束自己，不允许自己去寻求那种有损健康、影响工作的过分而又使人疲劳的快乐。

——罗素《负罪感》

在你的眼前也许有着各种各样的吸引你视线的东西，人都想要去寻找不一样的精彩。现实似乎感觉太平静了，安静的如同没有波澜的水面。想要追求刺激，追求快感，慢慢地就会有更多的欲望，让自己在不断的自我满足中忘记自己的初衷，更忘记自己的本性。

有的人在追求快感的过场中，忘掉了自己的本性，把这个世界活成一个永远充满欲望的天地。欲望是无穷无尽的，像是一个黑洞，一个漩涡，让你将自己的一切都葬入，最后走进欲望的深渊，仅为那一时的快感放弃美好的人生，走上一条难以回头的路。在那时，追悔莫及，怀念曾经的简单却美好的生活，追忆曾经拥有的淡然与恬静，为时晚矣。

布雷斯巴斯达曾经说过："所有人类的不幸，都是起始于无法一个人安静地坐在房间里。"不要追求过度的娱乐刺激，而要营造出一种自得和孤高，去获得心灵的愉悦，获得理性的沉思，与潜藏灵魂深层的思想交流，找到某种攀升的信念，去换取内心的宁静。

其实生命没必要拥有充满刺激，也不一定非要每个瞬间都充满惊喜。我们的生活会有不尽如人意的事情，所要想做的就是让自己的生活平和，让一切随缘随喜，不去刻意地追求，顺其自然也是一种美丽，也是一种精彩。

尽可能打开自我的窗口

任何人的自我都不能被禁闭于花岗岩墙之中，其界限应该是半透明的。智慧的首要步骤，乃是尽可能地打开自我之窗口。

——罗素《怎样才能自由和幸福》

在繁杂纷乱的现代社会中，我们或为学业孜孜以求，或为生计四处奔波，或陷入爱情漩涡无法自拔，或为生活中的琐事烦躁不已。我们的行为和感觉越来越像机器，每日按部就班，却几乎从未真正体验过自己的任何事情。

科学技术日益发展，我们对未知的世界的了解日趋丰富，却开始与自身背道而驰。我们始终在向外追寻，却恰恰忽略了自己，忘记时时反观自己的内心。

有时候，限制我们走向成功的，不是别人拴在我们身上的锁链，而恰恰就是我们自己为自己设置的局限。

高度并非无法打破，只是我们无法超越自己思想的限制；没有人束缚我们，只是我们自己束缚了自己，跳出自我的小世界，我们会发现，世界如此之大，自己又是如此渺小。因此我们需要自我实现。

封闭的人较为保守而且安于现状，他们的格局很小很小，不利于人生篇章的舒展。人毕竟是社会性动物，一直封闭自己，在挫折与焦虑中迷失自己，必定会给生活带来很多不必要的麻烦。

所以我们最好不要被时代和他人牵着鼻子走，而是要主动打开自己眼界和心胸，走在时代的前沿。

不幸是自己一手造成的

假如你认为自己处境糟糕，运气不好，那么，这样的境遇和不幸极有可能就是你一手造成的。

——罗素《不幸的根源》

“没有任何借口”是美国西点军校奉行的最重要的行为准则。它强调的是，要为成功找理由，不为失败找借口。一个人做任何事，如果出现了差池，只要他愿意，总能找到完美的借口，但借口和成功却不在同一屋檐下。

许多人生中的失败，就是因为那些一直麻醉我们的借口。因为借口是我们分析失败原因和东山再起的障碍。再妙的借口对于事情本身也没有丝毫的用处。征服自己是最大的胜利，被自己征服是最大的耻辱和邪恶。

一个善于反省的人往往能及时发现自己的错误，也明白老老实实认错是最明智的做法，而不是想方设法找理由为自己辩护。借口不过是一个人做错事的挡箭牌，是敷衍别人、原谅自己的护身符，是掩饰弱点，逃避责任的百验灵丹。而这些，只会让一个人越来越糊涂，从而将所有的缺点自我屏蔽，以至于不知不觉间在泥潭中越陷越深。

懂得自省的人，能虚心接受别人的指正，改正自己的过失，便能够如无瑕的白璧一般，获得高洁的人格。在我们自以为是、为自己寻遍理由时，自省就像一道清泉，将我们自身浅薄、浮躁、自满、洗涤一空，重现清新、昂扬、雄浑和高雅的旋律，让生命重放异彩、生气勃勃。

不应期望任何人为别人而改变自己

不要对别人期望过高。对于他人的利他主义的期望，是有悖于理性原则的，因为利他主义的损失，比起利己主义者的所得来，要大得多。不应该期望任何人为了别人的生活而改变他自己的生活方向。

——罗素《虐待狂》

有些人一遇到事，首先想到的是求人帮忙；有些人不管是有事还是没事，总喜欢跟在别人身后，以为别人能解决他的一切疑难，在他们的心里，始终渴望着一根随时可以依靠的拐杖。

但实际上，在绝大多数时候，自己才是最可靠的。把自己的幸福寄予在别的灵魂之上是很难获得安全感的。并不是每个人都能像凌霄花那样攀缘高枝炫耀自己，因为这个世界上没有那么多供你依靠的大树。

在工作中，很多人总是倾向于去依赖别人的帮助，把自己的全部工作量往其他同事身上压，结果不但变成了其他同事避而远之的拖油瓶，自己也无法在工作中得到实际的锻炼。当离开其他同事的帮助时就像失去了骨架的软体动物一样什么事情也做不好。再或者是太相信别人，把所有的希望都寄托在别人身上，最后被敌方往背后戳一小刀毙命。

就像国际歌中所唱的那样："从来就没有什么救世主，也不靠神仙皇帝，要创造人类的幸福，全靠我们自己。"自己才是最可靠的，自己的生活是把握在自己手中的，是需要自己去创造的。内因才是根本，当我们在工作中遇到困难的时候，我们不拒绝外界的帮助，但是最主要的还是要依靠自己。摆脱对别人的依赖心理，靠自己创造自己的幸福。

抱怨别人是一种自我膨胀

人们对别人的行为的抱怨，不过是对自身的过分膨胀，以及贪婪无比的自我，做出的本能的具有利己倾向的合理反应而已。

——罗素《虐待狂》

每个人都有自己要抱怨的事情，似乎每个人都理直气壮，却忽略了幸福源自珍惜，生活不是攀比。当这些牢骚与抱怨化作心灵天窗上厚厚的尘埃时，灿烂的阳光将不会照进心田。

世界上最大的悲剧和不幸就是一个人大言不惭地说："没人给过我任何东西。"殊不知，抱怨别人正是由于狭隘的自我之心太过膨胀。抱怨是无济于事的，反而是乐观旷达的心态能解开心灵的枷锁。

生命画布如何着色，要看我们拥有一颗怎样看待世界的心。不抱怨，把天地装在心中，就能看见自然的美。抱怨对事情没有一点帮助，与其不停地抱怨，不如把力气用于行动。抱怨的人不见得不善良，但常不受欢迎。抱怨的人认为自己经历了世上最大的不平。但他忘记了听他抱怨的人也可能同样经历了这些，只是心态不同，感受不同。

如果一个人不能够经受世界的考验，感受这个世界的美好，心胸只能容得下私利，那他就得不到幸福。父母的养育，师长的教诲，配偶的关爱，他人的服务，大自然的慷慨赐予……你从出生那天起，便沉浸在恩惠的海洋里。

不要总是认为别人对不起自己，没有人生来就该为我们付出什么，我们抱怨别人，也正说明了自己私心和私欲的强烈。只有明白了这些，我们才会感恩大自然的福佑，感恩父母的养育，感恩社会的安定，感恩食之香甜、衣之温暖。我们的生活才会真的充满幸福和安乐。

真正的勇敢是自我内心的强大

残暴是把自己的意志强加给他人来寻开心，而勇敢是把个人的不幸置之度外。

——罗素《玩耍与想象》

我们大部分人为了塑造别人，为了干预而去批评指责他人。通过这样的方式去灌输我们的理想、看法，决定他人应该走或者不应该走的道路，这就是一种强制他人的暴力行为。它和暴力、权威一样是一种对他人的控制，而不是真正的勇敢、真正的威严，能够让他人心甘情愿地服从。

真正的勇敢是敢为人先的精神或气质，是临危不惧的镇静和勇气，是遇到巨大挫败时，还能保持坚定的信念和强大的内心。真正勇敢的人，不是将自己的意志强加给别人，而是向自己内心要求，他们能够智慧地忍耐最难堪的侮辱，不以身外之物的得失而随意悲喜。

生活在这个快节奏的社会中，我们不得不变得具有攻击性。每个人都在为自己打拼都想在社会上占有一席之地，获得权力和名望。为了生存我们必定要侵略，要争斗，所以我们生存的社会环境是产生暴力的一个诱因。

承认世界的多样化，尊重他人的意愿，就不会产生粗暴的意志。所有人都希望得到肯定，得到保护。因此，我们才去制定外在的秩序，形成全人类统一的语言和计划，防止残暴的产生。我们要把思想从束缚中解救出来，正视现实。这样就可避免对他人进行任何无端无礼的谴责和批评，做一个内心强大的真正的勇士。

■冷漠让幸福远离

我们可以使这个世界更加美丽诱人，充满欢乐，更重要的是可以使普遍的和平在世界长存。但是因为冷漠使这一切都无法实现！人们的想象力好像已经枯竭，似乎在任何事物都只能是他现在的模样而不能有丝毫改变。我们只有借助于美好的愿望、慷慨的胸怀和人们的聪明才智来改变这一切了。

——罗素《政治的理想》

积极向上的人总是看见生活中阳光普照，而失望、沮丧的人看见的只是阴影和暴风雨。无论遭遇挫折或失败，积极向上的人在心中都充满着不灭的热忱。

改变冷漠的心态和乏味的生活，就要保持一颗对生活充满好奇和激情的心。热忱是一种积极的心态意识。一个人热忱的能力来自于一种内在的精神特质。你微笑，因为你很快乐，而在微笑的同时你又变得更快乐。热忱就像微笑一样，是会传染的。

热忱是一种重要的力量。无论你做什么事情，无论你所做的工作有多难，只要你有热忱，就能够无往不利、勇往直前。热忱是成功的源泉。你的意志力、追求成功的热忱愈强，成功的几率就愈大。

有人曾说，想象力是灵魂的工厂，人类所有的成就都是在这里铸造的。想象力具有神奇的力量，它可以帮助你实现看似不可触摸的梦想。

想象力往往能带领我们超越以往范围的把握和视野。它对我们每一个人都很重要，如果在工作中缺乏想象，我们就很难作出令人信服的创意。没有创意的工作也就失去了它本来的乐趣。

具有热情和想象力就能经常带来成功，有了它们，生活就会重新焕发光彩。

嫉妒产生于同等位置的人之间

乞丐并不会嫉妒百万富翁，但是他肯定会嫉妒收入更高的乞丐。

——罗素《幸福之路》

一切嫉妒的火焰，总是从燃烧自己开始的。从本质上说，嫉妒是看到与自己有相同目标和志向的人取得成就而产生的一种非正当的不适感。

嫉妒的对象通常是在与自己水平能力相当的。就像罗素所说的那样，一个乞丐是不会嫉妒富翁的，他只会嫉妒比他收入更高的乞丐。同样，一个年老色衰的中年女子看到豆蔻少女也不会产生嫉妒，她只会为看到另一个与自己年龄相当，却比自己更光鲜亮丽外表的女人而感到愤愤不平。

嫉妒是由于羡慕一种较高水平的生活，或者是想得到一种较高的地位，获得一种较贵重的东西，自己未能得到，而身边的人或站在同等位置的人却先得到了，因此而产生的不良心理反应。

嫉妒往往是个人才能与意志缺乏的体现，因为自己技不如人，就只能用嫉妒的心理去排解心中的不平。它可以使天才落入流言、恶意和唾液编织成的网中而被绞杀，也可能令智者陷入个人与他人利益的冲撞中而寻不到出路。

既然已知自己的弱处，看到自己与别人的差距，我们就该知耻而后勇，而不是看着别人的优势眼红。努力提高自身的价值与素养才能迎头赶上，进而后来居上。

要知道，真正有智慧的人绝不会容不得他人的光芒存在，就像自己是一颗钻石一样，周围的珍珠只会衬托它的雍容高贵，而不会削减它的魅力。

自我禁锢让人呆板迟钝

理性主要是由内在的和谐构成的，因而有理性的人，在观察世界、运用自己的力量达到外部目标时，比一直饱受内心冲突、良心折磨的人，要自由得多。没有什么比把自己禁锢封闭起来更使人呆板迟钝，也没有什么比把自己的注意力和能量转向外部世界，更能使人兴高采烈。

——罗素《幸福之路》

世界上没有跨越不了的事，只有无法逾越的心。这个心一旦被自己封闭起来，会限制我们潜质的发展。所以，要想获得幸福，最关键的是要开放自己的心，让自己与世界相拥。

命运的门总是虚掩的，它会给我们留下一道开启的缝隙，可是我们宁愿相信那是一睹不可穿越的墙。这一切都是我们心中那条系住自我的铁链在作祟罢了。或许，你必须耐心静候生命中来一场大火，逼得你非得选择挣断链条或甘心遭大火席卷。或许，你将幸运地选择前者，在挣脱困境之后，语重心长地告诫后人，人必须经苦难磨炼方能得以成长。

其实，面对人生，你可以当机立断，运用我们内在的能力，当下立即挣开消极习惯的捆绑，改变自己所处的环境，投入另一个崭新的积极领域中，使自己的潜能得以发挥。

开放思维，发现世界，我们在现实生活中，一定不要做一名人云亦云的追随者，而要时刻拥有一颗开放的心，这样才能在生活中拥有一颗明智的慧眼，清明的心灵；才能不断获得智慧的启迪，不至于活得浑浑噩噩。

擦亮眼睛，打开思路，才不会被迷惑。将关注的眼光投向更广阔的世界，这是人进步的前提，是人获得幸福的一条康庄大道。

追寻爱的位置

得到爱的人正是给予爱的人

仅仅接受别人的爱是不够的，还应该把这接受到的爱释放出去，给予别人以爱。只有当这二者平等时，爱才能发挥它最佳的作用。能成为被爱的对象，固然是幸福的一大源泉，然而索取爱的人并不就真的能够得到爱。广义说来，得到爱的人正是给予爱的人。

——罗素《爱》

爱使人生更有意义，爱为生命增添色彩。能够从他人那里得到爱固然是幸福的，而给予别人真诚的关爱，则更能让我们体悟到生命存在的价值与心灵的快乐。

我们的生命是无法单独存在的，在所有人共同耕耘的社会之田中，只有彼此都慷慨地撒播爱的种子，才能让每个人都收获一份善意和温情，让每一块土地都因充满爱的滋润而更加肥沃。

付出自己的爱心，不但不会有任何损失，还会获得两颗心的共同跳动。你能给予别人的越多，你所拥有的也就越多。彼此之间爱的力量让我们的心灵感受到温暖，而心与心的共鸣，则会奏响更为美好和谐的旋律。给予爱的人往往比接受爱的人更能享受到幸福，因为他们不但有自己的快乐，有别人的感恩，还有彼此间心灵的相融与升华。

要让我们的人生丰富而充实，就要懂得给予，这是生命的召唤。要做一支火炬，超越狭隘的自我，主动将光和热施与他人，让身边的人感受到浓浓的暖意和生命活力，让爱的温馨不断汇聚，快乐与幸福就会时时与我们相伴。

爱情本身就是快乐的源泉

爱情之所以引人重视，首先在于它本身是快乐的源泉，这虽然并不是爱情的最大价值，却为其他一切价值所必需。

——罗素《幸福之路》

爱情是一个人一生中最美好的经历，是人生最好的礼物。拥有真挚爱情的人无疑是幸福的，他能够感受到爱情的巨大魅力，获得美妙的精神享受。

爱是一种甜蜜的痛苦，她使人类生存也使人类难过。爱情不是花荫下的甜言，不是桃花源中的密语，不是轻绵的眼泪，更不是死硬的强迫，爱情是建立在共同的基础上的。

爱一个人不是牵绊不是束缚，只要心中有爱，生活就是美好的，期盼就是美好的，等待就是美好的，就连几句随意的话语也是甜甜的。爱情可以让我们的内心和生命都变得更加充实，让我们对未来充满希望。被爱情包围的人，人生便被涂上了一层绚烂的色彩，即使遇到暂时的困难，也愿意用共同的努力和信念去克服。

在漫长而又坎坷的人生道路上，有一位与自己心心相印、志同道合的伴侣，将会为我们的生活带来许多诗情画意，让我们今后的生命旅程变得更加灿烂辉煌。

爱情在人一生当中的作用和地位都是无比重要的，能否获得真诚纯洁健康的爱情，影响着我们一生的幸福。

■爱情带给最美的事物更高的价值

爱情之所以被人称颂，因为它能给所有最美的事物带来更高的价值，如音乐、高山日出、皓月当空的大海。一个从来没有和他喜爱的女子一起享受过好事物的人，便不能充分体会出这些事物所具有的无穷魅力。

——罗素《幸福之路》

爱情是纯洁而又伟大的，是上天赐予我们的情愫。爱情会让我们抛弃隔阂，忘记曾经的伤痛，爱情的存在让人世间多了许多美好。

我们常说爱情的力量是伟大的，而高尚的爱情具有让人得到升华的力量。真正的爱情能让人变得更宽容、更善良、更勇敢……让人的灵魂得到净化，让人的思想得到升华。明白了爱情真谛的人是智慧的，得到了真爱的人是幸运的，而学会了如何把心底最真诚的爱转化成行动的人无疑是最幸福的。在生命的荒漠上，唯有伟大的爱情之光才能照亮黑暗的沙漠，使人满怀希望地走下去。

爱是情感的升华，它像阳光一样，照耀大地，赋予万物生长的力量，并且使之欣欣向荣。陷入爱情的人，不仅会对自己的爱慕对象产生奇妙而又愉快的欣赏，而且对周围事物的鉴赏也达到了一个新的高度。在他看来，不光是自己的爱人，就连其他人和事、大自然的种种现象都变得无比美妙绝伦。

真正的爱情能够鼓舞人，唤醒他内心沉睡着的力量和潜藏着的才能。爱情赐予万事万物的魅力，这一道绚烂的生命的光芒，不仅仅照耀着探求和渴慕时期，而且照耀着我们生命中漫长的岁月。

没有爱情的性爱不幸福

爱情是一种使我们整个的存在得以复苏新生、光彩焕发的体验，恰如植物久旱逢甘霖。没有爱情的性交，全然没有这种体验。在这种暂时的满足停止之后，随之而来的是疲倦。厌恶如生命空虚的意识。爱情是大地生命的一部分，没有爱情的性爱却不属于它。

——罗素《幸福之路》

性的吸引是爱情产生和婚姻美满的基础之一。

性的本能虽然能够让人的情感更加淋漓尽致地宣泄出来，但它毕竟不是一匹可以肆意驰骋的野马。在今天，人们越来越关注性生活的情调和质量，却越来越忽视了更为根本的精神和情感的交流。

爱情是一种精神性的行为，将我们自己的生命同另一个人的人生紧密结合在一起。爱情不仅是两人之间由于性的吸引而发生的，它更是一种彼此相依相伴的生存行为。

爱情和性应该是相融合的，如果性的活动没有爱情作为基础，那么就会降低到动物交合的层次上。

性爱的渲染让越来越多的人从禁欲主义走向纵欲主义，也就是说，这些人的人生将从一个极端走向另一个极端。

性的结合应该首先是双方互相爱慕的结晶，是因为爱情的升温而自然发生的行为。没有爱的性行为，即使不愉快的，也是不道德的。它将不能给双方带来脉脉温情和最美好的享受，在激情消退之后，人们的心中将留下长久的空虚和落寞。

爱情的丧失是痛苦之源

爱情不仅是快乐之源，它的丧失也是痛苦之源。

——罗素《幸福之路》

爱情就像是一把双刃剑。它能给予我们幸福，也能给我们撕心裂肺的伤痛。美丽的故事背后，往往伴随着不圆满的结局。

爱情让人睁大双眼，也让人双目紧闭。有人在爱情里边走边唱，有人在爱情里迷失自我。但不管爱情有多么美丽，我们的头脑也要时刻保持清醒。

哲人说："爱情是一位伟大的导师，能教会我们重新做人。"拥有爱情让我们感到无比愉悦，而失恋则会带给我们无尽的痛苦。有的人失恋后一蹶不振，终日烦恼；有的人厌世轻生，自杀身亡；还有人反目为仇，相互残害，不仅变成傻瓜，还变成罪犯。俗话说，失恋莫失志。

失去爱情虽然会给人带来痛苦，但是理性能战胜感情。失恋者一旦摆脱了暂时的不幸，生活将充满希望、欢乐和光明。伟大的思想家恩格斯、伟大的音乐家贝多芬，他们都遭受过失恋的打击，但是他们都战胜了自己，经受了道德情操的考验。

当爱来临的时候，我们可以幸福的大笑；当我们失去自己心中的真爱的时候，那种压抑的感觉也会将我们压得喘不过气来。只有面对生命中真正的所爱时，我们才能体悟到爱情的悲喜苦乐。

为爱情而牺牲整个事业是愚蠢的

为爱情而牺牲了整个的事业，虽然有时也许是一种悲壮之举，然而总的来说是愚蠢的；为事业而完全牺牲爱情，同样也是愚蠢的，而且丝毫称不上是壮举。

——罗素《爱在人生中的地位》

爱情是人生中的大事，但并不是一个人的全部世界。美好的人生，应该是爱情和事业并重。

爱情使我们的心灵得到最好的激励，可以转化为努力拼搏的动力，促使事业获得成功。事业的成功，反过来又可以给爱情和婚姻奠定坚实的基础，让爱情的发展更加顺利，让爱情生活更加充实。

纯洁的爱情对一个人的幸福至关重要，而崇高的理想和成功的事业才是人生最重要最坚强的支柱。

爱情和事业不可偏废其一。有的人认为爱情至上，一味地沉溺于二人世界的卿卿我我中，将正常的工作和学习抛在一边。这样的做法，不仅会影响一个人的发展和成就，而且也无法让爱情得到保障。还有一种人，将事业视为自己的生命，整日为工作辛苦奔波，而不愿把时间“浪费”在谈情说爱上，以至于感情世界空虚而又苍白，也不利于事业的进一步发展。

爱情和事业就像一双筷子，失去了其中任何一支，都无法品尝到生活的甜美果实。我们应该正确认识爱情和事业的关系，将爱情融入事业中，让爱情成为事业的推动力，让自己的人生体现出更大的价值。在体验爱情的同时，也能让事业的花园更加芬芳灿烂。

得不到的爱也弥足珍贵

浪漫之爱的基本要素是：被爱者即使很难被占有，也是弥足珍贵的。这就使得求爱者竭尽全力，费尽心机要赢得被爱者的爱情，或用诗歌或用歌曲，或用武艺，或用其他任何可以想到的办法以博得被爱的女子的垂青。

——罗素《浪漫的爱》

能够相爱是幸福的，但并不是每段恋曲都会有一个美好结局。因果轮回，俗世限制，我们总会看到一些悲伤结束的爱情。

爱情不是占有，也不是付出多少就能得到多少的等价交换，有的时候我们会品尝到失去爱人的苦涩，需要明白放手也是一种爱。只有这样，你才能不为自己的执著所困惑，不为自己的妄念所痛苦，才能真正拿得起、放得下。只有这样，当你遇到飞鸟与鱼的爱情时，才能感激爱情的美好，而不是为了不能在一起而悲伤痛苦。

要培养一份清净无染的爱，在感情上不要有得失心，不要想得到回报，就不会有烦恼。我们都要学着洒脱，学着接受，爱一个人最大的幸福不是得到对方，而是让对方得到幸福。

一朵美丽的花，你不能因为喜欢就将它紧紧攥在手里，将它放在特定的位子上，给它送去赞美的眼光，默默地欣赏，这就是你与这朵花之间最完美的快乐。你可以欣赏它于万花丛中，你也可以欣赏它于一枝独秀。

浪漫的爱情是最强烈快乐的源泉

浪漫的爱情是生命肯定会提供的最强烈快乐的源泉。用热情想象和温存构筑的彼此爱恋的男女之间关系，其中某些东西具有无法估量的价值，对此视而不见，乃是人类之大不幸。

——罗素《浪漫的爱》

生活的浪漫，不在于物质的富足，而在于精神上的不放弃；爱情的浪漫，不在于给予了多少奢华，而在于你有没有一颗执著的心灵，将你们的爱情进行到底，将你们的感情升华为最美丽的神话天堂。

其实真正的爱情只有蜕变成亲情才能永存，浪漫只能是一时的风花雪月，再美丽的爱情到最后也要踏踏实实过日子。人生短暂，几十载光阴，如梦般飘逝无痕，如果能和自己心爱的人，在余晖下，相依携手看天边的浮云，看飘零的枫叶，这何尝不是人世间最大的幸福呢？就像那对背着爱人上天桥的恋人一样，真正的浪漫，并非全是烛光晚餐加玫瑰香槟。浪漫有时只是一种质朴至纯的表达，并不需要过多的物质条件。

在平淡的日子里，用心地咀嚼那一份彼此的感动和岁月的真情，并佐证浪漫走过的痕迹，就是幸福。有些时候，浪漫不是华丽语言的伪饰，它需要我们用行动来表达。浪漫，从来都是一种相濡以沫的支持，或是风雨中一起面对的豪情。

真正的浪漫从不是浅薄的、程式化的甜言蜜语，也不是死去活来的心灵激荡；它更应该是一种现实的温馨与美好，是一种真正地、全心全意为对方着想的相互关爱——这才是爱情的真谛。

给予之爱不应出于恐惧

给予之爱有两种：一种是生活热情的最重要的表现；另一种则是恐惧感的表现。前者是值得称道的，而后者充其量只不过是一种安慰剂而已。

——罗素《爱》

鲜花缺少阳光，就无法尽情绽放；鱼儿离开水中，就不能悠然畅游；人与人之间如果没有爱的浸润，生命就不会获得欢乐。失去了爱，人生将会迷失方向，变得干枯而黯淡。

有时候，一个小小的善行，就会铸就大爱的人生舞台。充满爱心的人往往比别人能享受更大的幸福，因为他们有三个幸福来源：自己的幸福，别人的快乐，还有自己对别人的付出。

但是，还有一种给予，它并不是出自真诚的善意，而是由于恐惧，不得不这样做。那么这样的爱就失去了原本的真挚和诚意。

帮助他人就是帮助自己，要时刻保持一颗同情心。我们不能对身处困境的人熟视无睹，那种丧失了同情心的人同时也会把自己推进冷漠的世界。

人与人就像音符与音符一样，完美的融合才能带来完美的效果。若我们只顾着个人利益而忽视了整体的和谐，一串动听音乐中尖锐而突兀的声音是不会带来丝毫美感的。

爱心能使人生更有意义。爱的反面不是恨，而是漠然。一个人如果失去了爱的能力，他的人生也会异常黯淡。生活的目标是善良。这是我们的灵魂所固有的一种感情。

精打细算的爱不真诚

如果一个人像为了利息而放债那样，在精打细算之后才给予别人爱，这是无益的，因为有算计的爱不是真诚的，得到爱的人也不会感到它是真诚的。

——罗素《幸福的人》

人生就是一场收获。你播种什么，最后就能收获什么。假如你种下一片爱心，你也将得到爱的回报。生活中，我们的确需要做一些高贵的善事来提升自己的灵魂，多为他人着想，也许表面上得不到任何回报，但是我们的心灵却获得了丰收。

爱的力量是在不断传递的，爱别人就是在爱自己，因为人生的这场接力赛，你在其中担当了重要的角色。

有人曾说："付出是它自己的回报。"这当然是真的，而且比任何理由更值得付出，付出还有一面可能会让人认不出来。付出是一种精力，不但帮助了他人，还为付出的人创造了更多。真正的爱是不求回报的，当你做善事而心存回报的企图时，善良已然变味。

人与人之间，就像篓子里的一堆螃蟹，你中有我，我中有你，纵横交错，息息相关，又相互伤害。但是，如果我们能多想想别人，以一颗善意的心行事，那么人与人之间的伤害就会被削减和免除，留下更多的是关怀与真爱。

帮助他人就是帮助自己，时刻保持一颗同情心，用最真诚最无私的关爱对待每一个人，我们会看到人性中最美丽的花朵。

■爱情应出于自愿，而非义务

爱情只在自由和出于自愿的时候才能滋长浓密，要是有义务的意思包含在内，爱情就会很容易被毁掉。

——罗素《婚姻》

出于自由和自愿的爱情是最为坚固的，经得起岁月的风吹浪打。

真正的爱情是在维持自尊和自我本性的前提下自发的结合，这是一种主动选择的爱的能力。爱情不应该是被动的情感，而应是一种积极的行为。爱情不应掺杂过多外界因素，而应该是由最纯洁的愿望所组成的。

爱情的真谛并不是等价交易的行为，也不是单方面的付出和牺牲。爱情的责任感是一种完全自愿的行为，而不能退化为支配和占有。真正的爱情是两个生命在分享与喜悦中而激发的。

爱情不但不能由男女两人之外的任何人和事所左右，同时，也不应该被男女双方之中任何一方所强迫。爱不是为了自己而存在和生活，不是为自己操心，而是在另一个人的身上找到自己存在的根源，同时也只有在另一个人身上才能完全享受自己。

爱情如手中的一捧流沙，你握得越紧，流失得越多。留一点空间给自己和对方，让爱自由地呼吸，爱情之树才能长得枝繁叶茂。两个人的结合，是要为彼此带来更为丰富精彩的人生经历和幸福，那才是爱情的真正使命。

爱的感情强烈到任何程度都不为过

“爱”并不是男女两性之间的一切关系，而仅仅是指包括具有充分浓烈感情的关系，那既是心理的又是生理的，可以强烈到任何程度都不为过。

——罗素《人生中爱的位置》

爱情是株娇嫩的植物，除了需要用爱心和忠诚去灌溉之外，更需要信任甘露的滋润。真爱，犹如一座永不熄灭的灯塔，永远牵引着在情感中迷失航向的人们。

生命中，拥有高尚爱情的人们都具有相似的品质，那就是——倾听对方，感谢对方，尊重对方，宽恕对方。是爱情让她对他悉心照料、不离不弃，也是爱让他对她恋恋不舍，即使走到了生命的尽头，放不下的依然是她今后的幸福。

“弱水三千，只取一瓢饮。”眼前即可掌握的小小幸福，大过未来不可测、不可知的机缘。因为爱情本就是一种心灵的相契，它只需要真心的浇灌，并不需要刻意把握。越是想抓牢爱情，反而越是容易失去自我，容易忘掉生活的原则，容易失去彼此之间应该保持的宽容和谅解，爱情也会因此而变为毫无美感的僵化的形式。

即使爱情色彩暂时的消退，那也只是因为你还在无光的隧道中行走。有朝一日，当你和伴侣历经风雨，相扶着走过人世的沧桑，面对着夕阳下白发苍苍的彼此时，或许那时，就会体悟到爱情真正的含义。

慷慨自然地爱是个人幸福的源泉

自然而然地、不耗心计地喜欢很多人，也许就是个人幸福的最大源泉。

——罗素《幸福是可能的吗》

如果你有爱的思想，你就会体会到爱。爱是人类的本质，是宇宙间普遍存在的，走向爱的世界，我们必须要有爱的信仰和态度，你要相信，你需要的人一定会在最适当的时机、最适当的地点，进入你的生命。

因为有爱，生命才有价值，一个人的生命是这个世界给予的，最终还是属于这个世界的，是属于爱和思想的。我们如此的平凡，我们没有预知世界的能力，连预知此时此刻要发生什么的能力都没有，更不用说去预知生命的长短。

只要我们拥有生命，我们就拥有思想，拥有爱，由此我们就不会寂寞，就知道感恩宇宙，感恩生命，感恩身边每一个人，让这种爱和思想继续传递，生生不息。

■爱在欢喜与仁慈之间

作为一种情感的爱，总是移动于两端之间：一端是观察小纯粹的欢喜，另一端是纯粹的仁慈。

——罗素《美好的人生》

无论我们遇到什么问题，面对怎样的困难，最好的解决办法只有一个，那就是爱。无论身处怎样的困境，我们都要爱自己；无论受到他人怎样的伤害，我们都要爱他们。爱是走向幸福和满足的最佳途径。

爱结束仇恨和愤怒，是宽容和理解的源起。无论是那些曾经伤害过我们的人，还是侮辱过我们的人，我们都能够怀着一颗宽大的心去爱他们。

爱，源自于本能的喜爱，也融入了仁慈和怜悯。播下慈悲的种子，世人都可享用丰硕的果实；留下几句仁爱的语言，世间都将充满温暖的和风。种子探头笑，和风拂柳枝，此中风情，此间美丽，都令人心中漾满欢喜。

生活中永远需要爱。爱让人们感到温暖，感到自己生活的乐趣，得到自己被需要的满足。爱给人间带来温暖，给社会带来不竭的财富。

一个没有爱的躯体如同丧失了灵魂一般，而没有灵魂的人自然无法主宰自己的生命。一个人想要真正地掌控自己的生命，就要学会如何去爱，如何付出爱。

爱是多种情感的融合，它游移于欢喜和仁慈之间，为我们带来永恒的喜悦。它往往能够带来奇迹，因为有爱的地方就有希望，有希望的地方就会让现实更加简单，更多地去实现梦想，坚持自己理想的手段。

浪漫之爱的本质

浪漫的爱的本质在于把爱的对象视为一种极难得的而且十分珍贵的东西。

——罗素《浪漫的爱》

在欧洲，很早就有柏拉图式的“精神恋爱”。柏拉图认为爱情和情欲是互相对立的两种状态，因此，当一个人确实在爱着的时候，他完全不可能想到要在肉体上同他所爱的对象结合。也许在浮躁的今天，柏拉图的爱情观有些不可思议，但柏拉图对纯洁美好爱情的坚持无论世事如何变幻都永葆其坚贞之光芒。正因柏拉图坚信，“真正”的爱情是一种持之以恒的情感，而唯有时间才是爱情的试金石，唯有超凡脱俗的爱才能经得起时间的考验。

爱情是短暂人生中所作的最绚丽、最珍贵、最神秘的精神漫游；爱情是皇冠上的珍珠，格外神圣和珍贵。爱其实很简单，爱是个人内心的一种感受，无所谓是非对错的标准。爱情是一种宿命，在茫茫人海中单单遇上了这样一个人，与其相知相识相恋。

这个世界只有人心才是最永恒的，为爱执著，为爱坚守，一切从心而生，只有时光也不能改变的爱情才是最幸福的。

爱情的力量是伟大的，就像宏伟的建筑物，大风刮过却是毫不能动摇的决心。如果真的爱一个人，就应当有与时光斗争的决心。时光会改变对方的容貌，取走激情，唯一不变的是满满的爱情。

构筑美满婚姻与家庭

婚姻是两人相伴，也是责任和义务

婚姻是远比两个人相伴的快乐更为严肃的大事，它是一种制度。由于其生儿育女的事实，形成了社会中亲密无间的组织，它所具有的重要性，要远在夫妇间个人感情之上。

——罗素《浪漫的爱》

爱情是婚姻的基础，而婚姻，正是因为彼此缔结的责任，才能维持长久，才能真正地实现恋爱时对爱情天荒地老的承诺，才能忠于对一个家庭的承诺。

当爱情走入婚姻的殿堂，已经不只是两人之间简单的相爱了，这种爱里蕴含了责任和义务。特别是当孩子出现在两人的生活中之后，婚姻的社会性就体现得更为明显了。

婚姻是家庭形成的基础，也是一种客观的社会制度。家庭作为婚姻的载体，包括了夫妻双方及由此产生的亲属关系，是一个共同的世界。婚姻幸福与否，不仅是由夫妻间的爱情所决定，它更是会受到很多社会因素的影响。而稳定的婚姻，则在一定程度上保证了我们整个社会风气的和谐与安定。

婚姻中最重要的莫过于责任了。一场婚姻给了我们太多的责任，家庭的开支，对方的事业，对方的亲朋好友，包括儿女的生活。责任，其实就是爱情的一部分，当你的心中有了爱的概念时，承担责任也就成为一种幸福的事。

有责任而缺乏爱情的婚姻也许并不完美，但它完整而真实，而有爱情却没有责任的婚姻，则必定是短暂的，必定是空洞的。婚姻中有了责任感和使命感，婚姻生活才能变得幸福、和谐、愉悦，才能真正地实现婚姻的意义。

爱情贵在长久

伴侣的交情经历了多少岁月，同甘苦，共患难，自然有其丰富的内容，不论初恋的日子多么愉快，也是赶不上的。时间能增加许多事物的价值，凡是能明白这道理的人，谁愿意将那般的交情，为了新欢就轻轻地抛弃？

——罗素《婚姻》

生活中，每个人都想获得美满长久的爱情。那么到底怎样做，才能使爱情恒久不变呢？答案其实既简单又复杂，只有经得起风雨，无论苦难或者幸福都不离不弃的人，才能共度一生。永恒的爱情即是共患难的爱情，在最艰苦的时候爱对方越深，艰苦过后，才会感受到更加强烈的幸福。

美国作家海伍德说："爱不贵亲爱，而贵长久。"只有一同经历过风霜雪雨，才能体会共同的甘甜。就像林语堂先生与妻子的情感，他们相濡以沫一生，在磕磕绊绊和甜蜜中，享受着爱情的永恒。

很多人在爱之前并不知道爱到底代表了什么？他们只模糊地知

道爱的方式，却不了解爱的深层意义。这可能就是有些爱情无疾而终，不能长久地发展下去的原因吧。这就是真爱。真爱其实很简单，只要懂得了它，每个人都会获得自己的幸福。

婚姻比爱更现实更持久

浪漫的爱应该成为婚姻的动机，但是我们要知道，真正能使婚姻美满并实现其社会目的爱，尽管并不十分浪漫，却更亲密、现实而持久。

——罗素《浪漫的爱》

婚姻是一座围城。两个陌生的人，因为情投意合，走到了一起，它是爱情的升华，是情感的结晶。但是因为性格的差异，受到教育的不同，夫妻之间总难免争吵和摩擦。懂得体谅，懂得感恩，懂得为对方着想，才是婚姻的幸福法则。

苏格拉底是一个相信爱情的人，但他对婚姻的态度与此不尽相同，他甚至不无幽默地说道：“好的婚姻给你带来幸福，不好的婚姻则可以使你成为哲学家。”他认为爱情与婚姻是两个完全不同的概念。诚然，走向婚姻的过程中往往少不了爱情，但如果还以对待爱情的态度去对待婚姻无疑是不明智的。

诚然，由于个人经历的不同，苏格拉底对婚姻的态度不免过于悲观。但以不同的方式去对待爱情和婚姻的观点还是非常值得认同的。爱情侧重精神的感受，婚姻却是平淡的相处。我们也要适当调整自己的心态，去面对人生当中两个不同的阶段。

有些人在婚姻上的失败，并不是找错了对象，而是从一开始就没弄明白，在选择爱情的同时，也就选择了一种生活方式。

实际上，婚姻生活远比爱情来得更长久、更细致、更现实。爱情和婚姻的温度不同，爱情滚烫，而婚姻却温凉。婚姻永远是由无数个琐碎的细节叠加而成的，所以说，琐碎的生活成就了爱情的永恒。在琐碎中，发现乐趣，在琐碎中互相谅解，这是成功夫妻的宝典。

■婚姻需要理解与信任

婚姻是夫妻双方最高尚最重要的关系，这种关系之所以不能在所有的婚姻中实现，是因为丈夫和妻子都把自己看做对方的警察。

——罗素《婚姻》

婚姻和爱情的最大不同点是：爱情光靠感情就能维持住，而婚姻不仅需要感情，还需要很多实际的东西，比如说经济基础，比如社会认同。爱情是婚姻的前奏，婚姻是爱情的归宿，所以当美丽的爱情走进了结婚的礼堂，我们都要学会经营，从心底学会善待对方，感恩对方。

毫无疑问，爱人时常需要从捆在他脖子上的爱的锁链里挣脱出来。我们不能因为两个人在一起，使每个人的生活空间变得狭窄和压抑，互相妨碍各自的生活追求。在爱情的过程中，应该给对方保留应有的个人空间，也让自己过得更加轻松些。

爱无须抓得太死，也不必给得太多，多了也会让人窒息。爱本是生命中深挚的关怀与体察，无须刻意去牵扯，越是想抓牢，越容易成为枷锁。爱情就像一门艺术，要用心、用浪漫去调和，才能琴瑟和鸣，水乳交融。

两个人走在一起，组建成一个家庭，虽然文化和性格都可能存在一定的差异，但是只要相互间多一分理解，多一分忍让，我们就会有一个幸福的家。理解对方，就需要我们站在对方的角度换位思考，否则，我们就无法正确地思考与回应，沟通便被阻断。

谨慎你的婚姻，同时也要用心的经营，幸福总是来之不易的，但是只要时时能为对方着想，以一颗感恩的心面对生活，你一定会是这世上最幸福的人。

■婚姻是自由结合并互相尊重

婚姻就当是两性间相互本能的自由而自发的结合，充满幸福，同时又不排除某种类似敬畏的感情：它应当包含双方的相互尊重，绝不允许对相互的自由有丝毫侵犯，而如果一方强迫另一方一起生活则是十分可怕的事情。

——罗素《理想的世界》

如果说真诚是维系感情的基础的话，尊重便是维系婚姻的灵魂。

尊重，是产生爱情的根源，是爱情存在的基础。恋人间没有相互尊重就不可能拥有真正的爱情，夫妻间没有相互尊重也就无法建立幸福美满的家庭。

如果爱情使人忧心不安的话，则尊重是令人信任的，我们之所以爱一个人，是由于我们认为那个人具有我们所尊重的品质。

相互尊重是幸福婚姻中不能忽视也不可忽视的因素。彼此间相互尊重和相互信任，才会给这份感情以自由呼吸的空间。长相厮守的意义不是用柔软的爱捆住对方，而是让他带着爱自由飞翔。

爱情和婚姻都是彼此用心体验的美好，自由抒发的情感。真正稳固的感情是自由的，而永远不会是控制的产物。

留下自己独特的性格，不要与他如影随形；留下自己内心的隐私，不要让他感到你是曝光后苍白的底片；留下一份意味深长与朦胧的神秘……不要试图挽留他离去的脚步，不要幻想他的目光永远专注于你，一切都应是自然形成，在你们之间留下一段距离，让彼此能够自由呼吸。

我们应当相信，真正的爱是可以超越时间、空间的。因此，作为婚姻的双方，我们都应该留给彼此一个距离，这距离不仅包含空间的尺度，同样包含心灵的尺度。

女人要像男人一样自食其力

女人应该像男人一样自食其力，一个游手好闲的妻子从本质上讲，并不比靠男人生活的妓女更值得尊敬。

——罗素《我们的性道德》

女人花自己的钱才真正随心所欲，自在舒坦；不依靠男人了，反而会得到他的尊重，男人都欣赏经济独立、追求上进的女人，一无所长，只会倚仗自己的女人是得不到敬重的。

自己才是自己的主人，所以要大胆地往前走，开辟属于自己的道路，而不能依仗别人的脚步，真实人生的风风雨雨，只有靠自己去体会，去感受，任何人都不能为你提供永远的庇护。女人应该掌握前进的方向，把握目标，让目标似灯塔般在高远处闪光；应该独立思考，有自己的主见，懂得自己解决问题。

女人不像男人那样有强健的体魄和刚硬的性格，在社会中也往往处于被保护者的地位。但这并不代表女人就是弱者，女人虽然柔弱，但却有着男人无法比拟的韧性。

不少女人都很向往无所事事的悠闲生活，而为工作烦恼。但事实则是，工作从来都是人类生活的第一要义，这是我们的幸福之源，也是支配我们生活的力量。

不少女性因为经济上的附庸地位，对男人唯唯诺诺、任劳任怨、唯命是从。这是女性的悲哀，更是女性自我囚禁的结果。现在，女性经济来源完全依靠老公的时代已经过去，女人要想在家庭和社会中立稳脚跟，赢得尊重，必然得寻求经济的独立。

总之，女人经济独立才能获得真正的独立，才能更快乐地享受生活。许多心理学家都说过，收入决定一个人的自我感觉，而作为女性，越早开始追求经济独立，越能够在人生道路上不迷失。

将自己融入生命之河

在这个世界上如果想要幸福，特别在青春流逝之后，一个人必须觉得自己并不孤独，生命也不会马上枯竭，自己是生命之河的一部分，发源于最初的细胞，流向那遥远而神秘的未来。

——罗素《家庭》

如果说父母是太阳，那么孩子就是向日葵，他总是渴求阳光的方向，所以把父母当成了自己情感依托的天堂。

作为父母，爱孩子不同于爱妻子，不同于爱丈夫，也不同于爱双亲，爱兄弟姐妹。这种爱的滋味是从那些爱中尝不到的。它是一种混合体，其中有同情和怜爱，有幸福和美好，有快乐和悲伤，有放心和牵挂，有自私和袒护，有恐惧和期盼。

孩子是父母的生命，是他们快乐的源泉，也是他们为生活奔波的动力！他们关心着孩子每一个成长的历程，关注着孩子一点一滴的进步，更希望给孩子最好的教育！

孩子继承了父母的遗传信息，看着孩子在身边一天天长大，父母也会觉得自己的生命得到了延续。随着孩子逐渐成长、成熟、成功，父母也会感到欣慰，仿佛自己也获得了重生。

在即将告别这个世界的时候，父母会感到自己的一生是充实的而又幸福的，自己的生命之河将会继续流淌，便能够从容安详地离开。

■延续生命有两种方式

一个能够获得伟大而非凡成就的人，自然会名垂青史，并能够以其工作来满足生命延续的需要。但是那些才华平庸的人们，却只有借孩子们来聊以自慰了。

——罗素《家庭》

人的一生应该怎样度过？每个人都会对自己的命运进行设计，我们必须把国家的命运、民族的命运与个人的命运联系起来，个人的前途和命运才有意义，才有保障。

有国才有家，国家与民族兴旺发达，每一个家庭才有幸福的保障。不要把获得一己私利当作人生的根基和目标，也不要被世俗的功名利禄所左右。

革命先烈们之所以能不怕牺牲不惜抛头颅洒热血，那是因为在他们心中有一个崇高的信仰在支撑着他们，这就是为了实现共产主义的伟大理想。

而那些为了全人类的幸福而奋斗的伟人们，他们之所以能够舍生忘死，那是因为在他们心中，有一种无私的光辉的思想，支撑着他们忘却所有的个人私利。

一个人在世上生存，总要留下一些东西证明自己的存在。普通的人只能靠生儿育女来延续自己的生命。而那些崇高的伟大的人，他们为整个人类留下的财富，足以使他们自己的内心得到快乐和满足。

父母之爱最值得信赖

对孩子而言，父母慈爱的价值在于它比任何别的情感都更加可靠和值得信赖。

——罗素《家庭》

朋友爱你是看中了你的优点，情人爱你是看中了你的魅力，假如优点和魅力不再存在，朋友和情人也许会悄然离去。但在患难中，父母才是最值得信赖和依靠的人。

当我们跌倒的时候，总有温暖的手来扶我们重新站立；当我们前行的时候，总有人用深情的目光注视我们。他们便是父母。我们一步步地走来，从我们出生的那一刻起，父母便开始给予，长久以来毫无保留的给予和奉献着，直到生命的最后一刻，他们的心中仍然惦记着我们是否平安、是否快乐。

父母之爱的力量胜过自然界所有的法则，它是本能的，它的产生没有任何原因和理由，也正是因为这种无条件的本能才使它显得更加伟大。

如果有朝一日，这些亲切的叮咛不在耳边响起，这些伴随我们成长的关爱不在左右围绕，我们的内心将会被那无言的悲伤所取代。曾经我们太小，忘记了那温暖的记忆，忽略了那沧桑的白发。当有一天，我们一低头，却只看到青春不在的容颜上，早已是皱纹满面、白发苍苍了。

父母的爱是最深厚最伟大的爱，我们每个人都曾享有这种爱。即使我们如哪吒般割骨肉还父母，也无法报答他们所给予的养育之恩，因为那是永远也无法归还的魂魄。唯有怀着一颗感恩的心，将这无私的爱以自己的方式，无限地传递下去。

本能喜爱和共同目标构成良好的人际关系

个人与个人之间的良好关系，有两个主要的起源：一个是本能的喜爱，另一个是共同的目标。

——罗素《生长的原理》

每一个人，对于自己所碰到的人，都有爱和被爱的相互责任，所以，人与人应该互助互爱，用自己的行为营造友好互助的生活圈。

如果一个人的所为有利于他人，那么他的生命将充满喜悦幸福；如果他对周围每一个人都能怀着友好与善意，对每一个人都有着温和的态度，那么他就会从中得到无尽的快乐，他便可以称得上是成功和幸福的。

罗素认为，人与人之间的良好关系，相互倾慕尊敬，主要有两种原因。一个是因为本能的喜欢，另一个是由于有着共同的目标。

我们往往会有这样的经历，初次见到一个人，便能够立刻产生一种惺惺相惜相见恨晚的感觉，有一种说不出的莫名的喜爱。而出于后一种原因的人际关系，则更为牢固。因为这是由于彼此思想意识的一致，性格脾气相投，志趣爱好相近，有着相同的理想和信念。因此能够达到心理上的共鸣和精神灵魂的交融与和谐。

本能的喜欢是两个人关系亲密的基础，而共同的人生态度和思想志向，才是真正的关键。并不是所有的朋友都能给你的生活增添美丽的色彩，只有对生活有着同样的信仰，持有同样原则的人，才能和你一起浇灌出绚烂的友谊之花。

■让孩子自己从错误中获得教训

对孩子而言，父母的帮助远不及他们犯些自然的错误有益，因为让孩子最担心的事莫过于大人缺乏决断和自信。

——罗素《家庭》

有时候，父母的强迫、命令态度会给孩子带来反感，从而无法达到自然惩罚的目的。正确的方法是让孩子自己去感受错误。例如，一个孩子不爱惜家里的东西，今天又把椅子弄坏了。爸爸毫不留情地让他连续几天站着吃饭，让他体验体验自己的行为所带来的劳累之苦。

一个孩子打破了他所用的东西，莫要急于添补，让他自己感受到需要它。例如，当他打破了自己房间的玻璃窗，便让风日夜吹向他，让他体验打破玻璃的后果。

许多父母在教育孩子的时候，经常会不由自主地运用自己的“权力”，强迫孩子做事。这种单纯的命令，是在利用父母的权力，而这种权力无非是身份、年龄或体力的差别，孩子当然无法在这些方面去与大人抗争。强迫孩子做事会导致他们用其他的方法来抗争。在一个充满权力之争的环境里，很难想象会有好的教育效果。

聪明的父母应该让孩子从经验中获得教训。当孩子在行为上发生过失或者犯了错误时，父母不给予过多的批评，而是让孩子自己承受行为过失或者错误直接造成的后果，使孩子在承受后果的同时感受到不愉快甚至是痛苦的心理惩罚，从而引起孩子的自我悔恨，自觉弥补过失，纠正错误。

给孩子尊重和自由比专制的父母更快乐

现代人要获得身为父母的快乐，必须深深地感到那种对孩子的尊重。唯有如此，父母才不会由于权力欲受到压抑而反生愤怒，也不会为孩子获得了自由独立而大失所望。具有这种态度的父母，他们所得到的快乐，比起专制的父母在其权力鼎盛时期所得到的要多得多。

——罗素《家庭》

在现实生活中，有许多父母其实并不懂得爱的真谛，不懂得怎样教育孩子。凡是父母和孩子之间关系不正常的，几乎都是由于父母的私心不良释放和扩散的结果。他们总想让儿女自始至终成为自己的孩子，而不是想让他们属于社会。

每个孩子都有自己的选择方式，都有自己的想法，都有自己的定位，每个孩子的世界都是一个相对独立的世界。对生活的环境，孩子们已经逐渐形成自身的一套处事方式，家长不要过于强求孩子不愿做的事情。如果父母使用命令的方式，强制性地要求孩子什么可以做，什么不可以做，会让孩子陷入无奈的境地，导致他们更多的反抗。相反，如果父母在自己的要求中带有尊重，维护孩子的自主性，给孩子一定的自由，孩子对父母的反抗就会少一些。

父母最应该做的，就是打开笼门，把自由还给笼子里的小鸟。也许当你打开笼门，鸟儿反倒愿意回来了。因为敞开的鸟笼已不再是牢房，而成了一个温暖的窝。

孩子的成长需要足够的自由空间，而父母的保护就像鱼缸一样，孩子在父母的鱼缸中永远难以长成大鱼。要想孩子健康强壮地成长，一定要给孩子自由活动的空间，而不让他们拘泥于一个小小的“鱼缸”。

作为父母，应该除掉多余的担心，尽可能让孩子接触到各类东西，让孩子自己去体验各种各样的经历。有了充分的自由和尊重，父母给孩子才如同经过了温柔的洗礼一般，它清除了一切专制的倾向，因而能给人一种更美妙、更亲切的欢乐。

像对待玫瑰花一样对待孩子

如果你的玫瑰花没开放，你不会想到去鞭挞它；而且试图找出在对待它的过程中到底出了什么错。如果你的孩子没有成功，你应该像对待玫瑰花那样去对待他。

——罗素《怎样才能自由和幸福》

父母不应该把成年人的性格阴暗面强加到孩子头上，他们抚育孩子如同对待花园里的小花，经常侍弄、修剪，决不神经质地摧残，他们给他上足够的肥料，但不偏食；浇灌充沛的水，却不淹没；还会让日光和雨露自然地沐浴小花；若有霜冻，他们定会保护。此外，父母还会请正直善良的人们来观赏，请他们享受美，也培育美。

这儿的时空是匀称的，气氛是平等的，父母不干涉孩子的独立，也不期盼毁灭性的开花结果，他们不会训斥和打骂孩子的心灵。总之，身为父母的我们要把孩子当作是一个完整的人，仔细观察孩子，去研究孩子的性格、脾气和他的特性，适时地引导他。运用“权力”教育孩子是一种很武断的教育方法，孩子不听你的话，并不是挑战你的权力地位，他们只是希望自己能有更多的自主权。

所以，当孩子犯了错误时，父母不应对孩子进行过多的指责和打骂，而应该让孩子自己承担错误直接造成的后果，给孩子以心理惩罚，使他们在承受后果的同时感受心情的不愉快甚至是痛苦，从而让孩子能够正确认识自己的错误，进而自觉改正错误。

孩子天性向上，父母只需正确扶持和修剪即可。正如罗素所说，孩子获得一种美德和经验，不应该通过遭受痛苦，而应通过快乐和健康的方式。

唤醒信仰的力量

感情使人信仰来世

使人们信仰有来世的是感情而不是纯粹理论性的观点。

——罗素《人死而灵魂长存吗》

关于灵魂与肉体的学说认为，肉体会随着人的死亡而逐渐消逝，而灵魂一旦被造物主创造出来，就会永世长存，在不断地生死循环中延续地存在下去。

事实上，我们的思想、意识之外，并不存在着一个主宰心灵的纯实体。如果我们相信人有来世，人死之后灵魂还能长存。那么就必须相信构成人的思维和心理意识将会在一整套新出现的事物面前重新反映出来。很容易明白这是不可能的。在死亡降临之后，人的思想和心理以及全部的记忆都将随着大脑的解体而消散。

那么为什么我们依然愿意相信还有来世的存在呢？很大一部分原因就在于我们自己的思想感情。

这种感情首先来自于对死亡的恐惧。这是出于一个人的本能，并且是伴随着人对自己生活的希望和留恋而产生的。我们全心全意地相信有来世，因此便可以消除一部分对于死亡的恐惧。

鼓励人们信仰来世的另外一种感情，就是对人的美好心灵的赞美和热爱。信仰永生是明智的，这使得人们对世事对周围人不会过于冷漠。

宇宙因智慧的意识而形成。如果创造了灵魂再让它毁灭，那么就不是一种智慧了。

死亡是灵魂的痊愈

我相信，我死后，我将腐烂，我没有任何东西会残存。我已不年轻，并且我热爱生活。但是，我蔑视因想到死亡而战栗。幸福并不因它终会完结而不是真的幸福，思想与爱情也不因它们不能永存而失去其价值。

——罗素《自然与人》

对我们每个人而言，肉体的死亡是不可避免的。生命如流水一样逝去，无可挽回。我们从出生之日起，就无时无刻不在为死亡而做着准备，这是每个人无法逃脱的宿命。死亡如影随形，这让很多人感到忧惧，甚至因此而沉溺于仇恨和狂乱之中。

但在哲学家看来，死亡反而是求之不得的事，是最后的自我实现，因为它打开了通向真正知识的门。灵魂从肉体的羁绊中解脱出来，终于实现了光明的天国境界。

罗素对死亡也有着同样的乐观看法，同样对灵魂自由的向往，这让人们对生命更多了分理性的思考。他把死亡看做是一次久病的痊愈，认为正是身体的死亡让灵魂得到了痊愈。

其实，人人都应该用一颗平常心去对待死亡，让它成为我们奋进的动力，而不是幸福生活的绊脚石。一个真正热爱生命的人，是不会因为惧怕死亡而让自己的人生贬值的。他们相信，尽管自己的肉体不再留存，而自己的思想、真情以及对人类社会的贡献将永远闪耀着幸福的光芒。

死亡本身并不是一种灾祸，它所带给我们的思考，让我们更加在意生命的精神内涵。只要积极乐观，你就会看到充满希望和快乐的未来。当死亡来临的时候，你依然会得到幸福之神的关照，会得到长久的安眠，与永恒的愉悦相伴。

■生命的意义正在于死亡

悲观的人这样认为：一个人死去，他的后代收获他的劳动果实；河流奔向大海，但是河水却不允许留在海里。如此周而复始、无尽期、无目的，人类和万事万物在这个循环中生生死死，没有进步发展，没有永恒的收获，日复一日，年复一年。而换一种情绪来看，事实则正相反。

——罗素《拜伦式的不幸》

世间没有一种永恒的东西存在，青春不能永驻，唯有生命的渐渐衰老、消亡才是真实。岁月会在生活过程中显现，会在我们的脸上刻下印痕，不管我们过得多么幸福、快活。

因此，我们没有必要因为时光的流逝和生命的衰退而懊恼不已、甚至悲痛绝望。生命之树在心灵的沃野上一发不可收拾地膨胀着年轮，既然抗拒和不安不能避免死亡，那么何不怀着希望与安心迎接这一自然而然的事实？

两千五百多年前，孔子望着奔流的江水喟然长叹：“逝者如斯夫，不舍昼夜。”生命在一呼一吸间延续，也在一呼一吸间消逝。这个世界上每一分每一秒都有新的生命出生，同时又有无数的生命停止了运动。然而，具有延续性的事物永远不可能自我更新，它不可能是新的，它永远无法了解未知。若将死亡视为生命的终点站，之后一切将归于零，那么我们就会因为虚无绝望而放弃生命真正的美好与灿烂。

当我们活着的时候，我们不可能不想到死，正如我们不可能不死。死亡问题是生活中最深刻和最显著的事实，只有这个事实才能深刻地提出生命的意义问题。

世上的生命之所以有意义，正是因为有死亡。一个人只有在活着的时候，才会深刻地理解死亡。只有在这种对延续的终结里，才会获得心灵的重生，才会在循环不已的自由中产生永恒的创造。

■智慧的奥秘在于仁爱

东方人信仰佛陀，西方人信仰基督，两者都教示我们智慧的奥秘在于仁爱。

——罗素《爱及坚毅》

信仰在于相信没有奖励与回报的仁爱是有价值的。无论是哪一种信仰，都不能少了这种自我觉醒的意识，否则就称之不上真正的信仰。

正因为如此，一切伟大的信仰者，不论在宗教上、精神上的归属如何，他们的灵魂都是相通的，他们往往具有某些最基本的共同信念，才得以成为全人类的精神导师。

人的一生，做什么也许并不重要，重要的是能否造福于更多的人。这种造福就是将自己的善良和爱传播给更多的人，让更多的人受益。信仰，就是教人行善，是用仁慈的关爱填充每个人的心灵空间，温暖了别人，自己也不会感到寒冷。这就是信仰的最高境界。

只要拥有一颗仁爱之心，就会发现自己离上帝又近了一步。人之行善，并不是体现在喋喋不休的说教中，有时一个小小的善举也可以让你成为拯救他人出苦难的上帝。上帝无处不在，只要我们拥有仁爱之心，用自己的行动去关爱周围的人，就会发现自己离上帝更近了。

东方和西方两种信仰的共同精神，就是为利益一切众生而有所作为，处处牺牲自我，成就他人，万缘放下，利益他人的身心。这才是生命的最高道德，也是宗教最闪耀的情怀，是世间最美丽的心灵。

将希望扎根于心灵深处

勇气、希望与毫不动摇的信仰，是我们试图从黑暗时代脱身且精神不致受伤非常必要的东西。在真正的危险降临我们之前，很有必要去集中我们的思想调整我们的希望，并把我们的理想深深地扎根于我们的心灵深处。

——罗素《怎样才能自由和幸福》

在生活中，我们每个人都难免遭遇挫折，只要不失掉勇气和希望，树立信心，继续努力，肯定会迎来柳暗花明的那一天。

鲁迅曾经说过："希望是附着于存在的，有存在，便有希望，有希望，便是光明。"的确，人生不能没有希望，否则就会像失去控制的小船，随波浮沉，看不到停靠的港湾，也分不清前进的方向。

生活中，我们往往看到的只是事物其中的一个侧面，这个侧面让人痛苦，但痛苦却可以转化。蚌因身体上嵌入沙粒，伤口的刺激使它不断分泌物质来疗伤，到了伤口复合，旧伤处就出现一颗晶莹的珍珠。哪粒珍珠不是由痛苦孕育而成？只要能够充分利用机会来磨炼自己，任何不幸、失败与损失，都有可能成为我们有利的因素。

人生之路，即使处于绝望的悬崖，也要寻找希望的救命绳。千万不要把事情想象得多么糟糕，因为也许等你一觉醒来，你就发现事情的转机。即使到了悲伤处，只要内心可以与希望共舞，生活也不会失去快乐。只要有希望，人生就不会贫乏。苦难能毁掉弱者，同样也能造就强者。如果我们能在任何时候都不放弃对于生活的希望，我们就能最终等到转机来临的时刻。

信仰需要理性

一个人应该将它的心思重点放在他所理性信仰的东西上，而决不允许相反的、非理性的信仰不受质问就进入自己的头脑，甚至控制自己，不管时间如何短都不行。

——罗素《负罪感》

在大多数人的眼里，信仰能给予我们一种特殊力量，它帮助我们更好地行动，以满足我们的种种欲望。信仰能够赋予生命独特的意义，它因此而成为我们生活中的必需，甚至比生命本身更为重要。

或许我们还会这样认为：生命必须依靠信仰来支持，如果没有某种模式的话，我们无法行动，也就无法获得我们渴望的幸福。

然而事实告诉我们：任何信仰、理论，任何人、社会结构，追随任何领袖、导师，都不会找到真正的安全感。反而这样的信仰越坚定，也就越教条，越愚昧。我们只有在自由的状态下，才能发现什么是真实的，什么是正确的，而不是通过盲目的信仰。

真理并不在信仰当中，而在爱和慈悲的关怀里面。因为塞满了各种信仰、教条、主张和语录的头脑实际上只是一个毫无创造力的头脑。一个不断重复着的头脑，它并不能直接产生爱。

其实，真正的信仰就在于相信人生应该有一种崇高的精神追求，有超出世俗的理想目标。真正看重信仰的人决不会盲目地去相信某一种流行的思想，而是通过独立思考来寻求和确立适合自己的信仰。

真正的信仰是一种内在的自我觉醒，是灵魂对肉身生活的超越以及对普遍精神价值的追寻和领悟。只要我们有着伟大的内心世界，就不会被虚假的教条所迷惑、困扰，就能够找到自我永恒的价值所在。

信仰掩盖我们的恐惧

人类的恐怖，无论是个人的或是集体的，在我们的社会生活中大都起支配作用，但宗教的产生却是由于对自然的恐怖。

——罗素《自然与人》

一切外在形式的信仰，其价值就在于把人引向内心世界，过一种内在的精神生活。神并非真的居住在宇宙间的某个地方，对于我们来说，它的唯一可能的存在方式是我们在内心中对他的景仰与感悟。

选择信仰最根本的原因还在于我们内心不可抑制的恐惧感。我们远古的祖先，恐惧他们身边出现的可怕的自然现象。那些随时可能摧毁他们生存基础的自然事物，在他们看来，都是一种神秘而又可畏的力量。他们害怕触怒这神秘力量，以至于受到惩罚，于是便凭借自己的想象与智慧来解决。信仰就这样产生了。

我们如此急切而贪婪地接受信仰，是因为有太多恐惧的东西。生命包括了丑陋、痛苦和悲伤，所以我们恐惧，而对信仰的接受掩盖我们的恐惧，对真实存在的空和无的恐惧。

这种对未知痛苦的预想，就是我们产生恐惧并追求安全感的根源所在。为了避免自己陷入这样悲惨的境地，人们就会用信仰、教条、威信、权力、地位的围墙把自己完全圈起来，似乎这样头脑就彻底安全了。

只要恐惧还在，我们的心是不可能发出真正的善与爱的慈悲心的。如果我们失去了赖以认同的信仰，失去了认同的既定准则，也许才能够如实地看待自己，了解自己，最终消除恐惧，代之以博爱和慈悲。

信仰和希望指引光明

在漫漫的黑夜中，人们渴望一座光明灯塔的指引，这就是明确的信仰、基础稳固的希望以及由此产生的能够超越一切险阻的沉稳的勇气。

——罗素《政治的理想》

我们随时都会遇到困厄和挫折。面对生命中突如其来的困难时，我们不要把自己禁锢在眼前的困苦中，而是要点燃希望的明灯，举起信仰的火把，凭借沉稳和勇气克服险阻。这样便能走出困境，达到我们梦想的目标。

所谓信仰，就是相信人生中有这样的一种东西，它比一己的生命重要得多，甚至是人生中最重要的东西，值得一个人为之活着，必要时也值得为之牺牲。这种东西必定是高于我们的日常生活的，像日月星辰一样照耀在我们头顶，我们相信它并且仰望着它，这就是信仰。但是，它又不像日月星辰那样可以用眼睛看见，而只是我们灵魂的一种寄托和精神上的支柱。

信仰是一个人内心的一缕阳光，它照亮了一个人的人生之路。一个没有信仰的人只能在黑暗中摸索爬行，无法辨别方向，也没有前进的目标，只能随波逐流，活一辈子也只是一塌糊涂。

我们要在心中播下希望的种子，这样就能够在艰苦的岁月，抱有一份对未来的憧憬，不至于被各种困难吓倒。

希望是引爆生命潜能的导火索，是激发生命激情的催化剂。给生活带来希望的人，每天都将活得生机勃勃、激昂澎湃。无论遭遇什么样的坎坷，我们都将忘记叹息和悲哀，不再将生命浪费在一些无足轻重的小事上。只要能在自己的生命之杯中盛满希望之水，我们就可以永葆快乐的心情，我们的生命之树就永远不会枯萎。

■永生其实是一种天罚

如果我永生不死，那么生活的乐趣必定最终会失去吸引力。代代相继，生活将永远焕发青春活力。我在生命之火前烘暖了双手；火焰渐渐熄灭，于是我准备离去。

——罗素《自然与人》

如果允许我们在这个世界上长生不老，只怕谁也不愿意接受这件不吉祥的礼物。我们永远不会死，但是没有未来，那么，这将是一种天罚。

人都是要死的。如果没有了死亡，理想、爱情、幸福以及痛苦、悲哀这一切都将不再重要。如果没有必然的消逝，存在的一切都将被磨蚀，成为日渐扩大的空洞，这个空洞最终吞没所有的存在，成为万劫不复的虚无。

人都是要死的。可是对于每个人，生命都有一种特殊的味道，这么一个生命是永远不会重现的，在每个人身上，生命没有一点一滴不是崭新的。

人是可以有所作为的。只要充满信念，愿为自己的信念去献出宝贵的生命，人生就有了价值，就会一代一代传下去，使人的一生充满了希望、理想、有爱、有恨、有微笑，也有眼泪。

生死如同春去秋来，日升月坠那样，是一种自然现象。死亡就不可能再复生，如果随便地浪费宝贵的生命，那就是对生命的亵渎。在死神召唤之前，还是竭尽我们的心力让生命燃烧起来，发光发热。

了悟生死其实是很简单的事情，就是要正视生之必死的事实，放下不死的幻想。我们都是有生有死的常人，倘若我们肯安心做这样的常人，顺乎天性之自然，坦然于生死，我们就不会走向消极悲观。我们将成为一个热爱生命的人，并且意识到：生命的密度要比生命的长度更值得追求。

希望和恐惧让人害怕死亡

将希望和恐惧完全集中在自己身上的人，很难冷静地看待死亡，因为死亡会毁灭他的整个精神世界。

——罗素《教育的目的》

生活就像一个山坡。眼望着坡顶往上爬，心里会觉得很高兴，但登上峰顶，马上就会发现，下坡路就在眼前，路走完了，死亡也就来了。上坡很慢，但下坡却很快。

死亡是波及整个生命的现象，是生命的一种反映，我们不应该把死亡仅仅理解为生命的最后一个瞬间。生命就是不断地死亡，是对一切事物的终结体验。生命是同死亡的不断斗争，是人的身体和灵魂的局部死亡。不管我们是否愿意，死亡总是在等待着每一个人。

面对死亡，我们会产生恐惧，其根源多半在于根深蒂固的依赖情结，对他人的依赖、对物质的依赖，对思想的依赖等等。这些依赖让我们担心死亡来临后的失去，那将是一种最深刻的痛苦。

惧怕死亡，还在于我们的希望和欲望太多。所以我们幻想用名望、爱情、欢乐和财富等各种物质享受或精神享受来掩盖死亡的事实，指望在死亡到来之前尽情享乐。

生命的时间是短暂的，但是，只要我们认认真真过好每一天，我们就能生活得更加充实而快乐。坦然地面对死亡，保持一份从容的心境，这会让我们的生命之光与死亡的阴影重新融合，使我们真正拥有一个有价值的幸福人生。

■思考是人类最有力的武器

思考的力量天长日久，要比任何人的力量来得大。凡是有思考能力的人和有想象力并能根据人们的需求而思考的人，就迟早有可能实现他们的理想，虽然不一定在他们生前能够实现。

——罗素《我们所能够做的》

思想在我们的生活中占据着重要的位置，“思想”一词也常被用来赞扬那些有知识或有智慧的智者，人类自古就赋予了思想非同寻常的重要地位。

尽管思想稍纵即逝，但正是思想造就了不朽的思想家。所有的典籍和著作也都是思想的产物，它们或许被当作神的启示来崇拜，但它们本质上是思想。

人类最有力的武器就是思考。要正视思考的巨大力量，在学习和生活中思考。

把你的思想当作一块土地，经过辛勤且有计划的耕耘，就可把这块土地开垦成产量丰厚的良田，或者也可以让它荒芜，任由它杂草丛生。想要从你的思想中得到丰收，你必须付出努力和投入各项准备工作，这些工作的执行就是正确独立思考的结果。

所有计划、目标和成就，都是思考的产物。你的思考能力，是你唯一能完全控制的东西，你可以有智慧，或是以愚蠢的方式运用你的思想，但无论你如何运用它，它都会显现出一定的力量。

每个人思想的海洋都是深不可测的，它拥有巨大的未被发掘的潜在能量。倘若我们试着去探测并开发其中蕴含的宝藏和力量，所获得的能量将会令我们惊叹不已。

■生活需要创造而非占有

典型的创造性冲动是艺术家的冲动：典型的占有性冲动是占有财产的冲动。最好的生活是创造性的冲动占最大的地位而占有性的冲动占最小地位。

——罗素《我们所能够做的》

对于这个富翁来说，不做物质的奴隶就是快乐，但是让人们真的舍弃对物质的追求是一件很难的事情。很多人对物质充满了高度的依赖，也一直以追求物质为最高的人生理想，最美好的人生享受。虽然我们早已走出奴隶社会，但是有时候，我们的精神却受着另外一种奴役，那就是物质没有被当做物质，人反而成为物质的奴隶，成为物质的工具，这确实是一个莫大的讽刺。

现代社会，要想取得成功不但需要自身的努力，还需要知识的高度集结作为成功的基石。因此，你越是善于从群体中求知，越是不断地开拓新的求知领域，你就越有益于人与人之间的优势互补，你就越富有应变能力，进而能够应付多变的社会和科学技术的发展。

如果能够发现别人的才能，并为己所用，就等于找到了成功的力量。聪明的人善于从别人身上吸取智慧的营养提高自己。从别人那里借用智慧，比从别人那里获得金钱更划算。

金钱很重要，金钱可以买到很多东西，但金钱却买不到智慧。一个人在做事的时候，不如动用自己的头脑，借智慧助己一臂之力。这样获得的益处往往也更大和更稳定持久。

热情让一切重现生机

所有伟大的艺术和科学都源于一种热望，即渴望表现那些最初是虚幻的景象，它是一种使人们宁愿舍弃安全和舒适而去光荣献身的美。具有这种热情的人决不会受到实用哲学的束缚，因为正是这种热情，才能显示出人类的伟大。

——罗素《大学》

任何伟大的创造都离不开创作者的渴望与热情。一位著名的金融家曾经说："一个银行要想赢得巨大的成功，唯一的可能就是，它雇了一个做梦都想把银行经营好的人作总裁。"原来是枯燥无味、毫无乐趣的职业，一旦投入了热情，立刻会呈现出新的意义。

一个受热忱支配的年轻人，他的感觉也会因之变得敏锐，可以在别人看不到的地方发现动人的美丽，这样，即使再乏味的工作、再艰难的挑战，都可以坚韧地承受下来。

有人认为"成功"、"潜能"这些充满诱惑力的字眼都是属于那些资质好的人，事实证明，每一个孩子身上或多或少都有一些将来可以成就大器的潜质，不仅那些反应敏捷、聪明伶俐的孩子是这样，那些相对木讷、甚至看起来有些愚钝的孩子也有这样的潜质。他们一旦产生了热忱，凭借这种热忱的力量，原先人们在他们身上看到的"愚钝"也会慢慢消失。

每个人都蕴藏着巨大的力量，只要我们运用自身的热忱，就能将此力量充分发挥出来，并创造出一个又一个奇迹。

体验生活的艺术

热情是幸福与健康的秘诀

热情是幸福与健康的秘诀，对男人来说如此，对女人也同样如此。在各种不同的情况下，对生活充满了热情的人比那些没有热情的人更加优越。即使那些不愉快的经验对那些热爱生活的人来说也有益处。

——罗素《热情》

黑格尔曾经说过：如果没有热情，世上任何伟大的事业都无法完成。

热情，是生命最具有活力的因素。它融入每一项发明、每一幅书画、每一尊雕塑、每一首伟大的诗、每一部让世人惊叹的小说或文章当中，融入我们生命的每一个细节当中。生命中最巨大的奖励并不是来自财富的积累，而是由热忱带来的精神上的满足。

缺少热情，一个人的生活将是乏味且无聊的。一个失去热情，对一切人和事物都采取漠视和冷淡态度的人，他看不到生活的本质和人生的真谛，看不到希望和曙光，不能寻觅到挚友和知音，也激发不起生活的热情和兴趣，终日伴随她的将只是内心深处的孤寂、凄凉和空虚。这无疑是一种可悲的自我摧残和自我埋葬。

有热情才会有希望，生命中充满热情，生活便每天都充满阳光。发挥热情，能带给你真正的自信。人类活动的每一个领域，都在呼唤着满怀热情的创造者。

热情是战胜所有困难的强大力量，它使你保持清醒，使全身所有的神经都处于兴奋状态，去进行你内心渴望的事，使生命因为活力而更加多姿多彩。既然我们生存在这个世界上，就要活得有生机、有热情，表现出生命的张力和活力，这样的人生才是有意义、有价值的。

不完美就是完美

没有人是完美无缺的，也不要因为自己有点缺点就感到不必要的烦恼。

——罗素《虐待狂》

几乎每一个人在心中都有一种追求完美的冲动，当一个人对于现实世界的残缺体会越深时，他对完美的追求就会越强烈。这种强烈的追求会使人充满理想，但这种追求一旦破灭，也会使人陷入绝望之中。

在这个世界里，完美是一件美好的事物，有了它，那些知道自己有缺点的人会感到惭愧，也会更加努力，以使自己成为完美的人。但同时，在这个世界里，完美也是一件可怕的事物，如果你每做一件事都要求务必完美无缺，便会因心理负担的增加而不快乐。

要知道，这个世界上没有任何一种事物是十全十美的，一切事物或多或少都有瑕疵，人类亦同，我们只能尽最大的努力去使它更完美一些。智者告诉我们，凡事切勿苛求，如果采取一种务实的态度，你会活得更快乐！

人生的各种不幸皆由追求完美而导致。完美是一座心中的宝塔，你可以在心中向往它、塑造它、赞美它，但切不可把它当做一种现实存在，因为这样只会使你陷入无法自拔的矛盾之中。

在这个世界上，每个人都有自己的不足之处，我们完全没必要过于懊恼。只有带着缺憾的人生，才是真正的人生。能够认识到这一点，我们便不会去苛求我们的人生，也不会去苛求他人。因为不完美正是一种真正完美。

■没有朋友的世界是不可忍受的

一个没有朋友的世界是不可忍受的，我们应该懂得相互去爱，而不需要用一层幻想的面纱遮住自己，声称自己原来就没有把对方看得完美无缺。

——罗素《虐待狂》

水至清则无鱼，人至察则无徒。水清当然好，但最清的水，容不了任何微生物生存，也没有任何隐蔽，因此，鱼就无法存活。现实社会里，人能明察是非、分清善恶，当然好，但对别人太过苛刻，就变成了挑剔，无法容人。所以说，水太清了，鱼就无法生存；对别人要求太严了，自己就会没有伙伴。

追求完美有时是一种好现象，但是绝对完美的事物根本就不存在，如果你还在刻意地追求完美的话，请放弃这种想法吧。

做人不能太较真，这正是有人活得潇洒，有人活得太累的原因之所在。太认真了，就会对什么都看不惯，连一个朋友都容不下，把自己同社会隔绝开，那就孤独痛苦了。

智者即使再优秀也有缺点，愚者再愚蠢也有优点。生活中对己宽、对人严的做法，必遭别人唾弃。对人多做正面评估，不以放大镜去看缺点，避免以完美主义的眼光，去观察每一个人，而应以宽容之心包容其缺点。少些责难之心，多些宽容之心。

既然喜欢月圆的明亮，就要接受它有黑暗与不圆满的时候；既然喜欢水果的甜美，也要容许它通过苦涩成长的过程。人生是没有完美可言的，完美只是在理想中存在。生活中处处都有遗憾，这才是真实的人生。

想学到知识，就需要谦虚的品质

只要真想学到知识，就需要有谦虚的品质，只有那种怀有其他愿望并相信自己已知道真理的人，才不会谦虚。

——罗素《一般原则》

在漫漫人生长途中，一个人必须做到虚怀若谷，每时每刻都保持一种谦虚谨慎的态度，才能不断吸纳知识，不断进步。

一个人是否具有谦虚的品质，是与这个人的眼界和见识密切相关的。一个人接触的事越多，眼界就会越开阔，就越会发觉自己知道得少，因此，也越容易怀有敬畏之心，变得更加谦虚。而有些人正是由于目光短浅，所以一旦取得一点成绩，就很容易沉浸在自我满足之中，并任由骄傲之心肆意膨胀。

其实每个人都有自己无所知的领域，硬是打肿脸充胖子，只会暴露自己的鄙陋。不如承认自己“不知道”，让无知不断激励自己上进。求知的最高境界就是“无知”，只有是空空的，才能容纳更多的东西。人生在社会上必须要有“空杯”的心态，你只有将自己的姿态放低，才能从别人那里学到知识、智慧。

大海总是在最低处，因而所有的溪流都汇集到它的怀抱中。越是学识渊博的人，胸怀就越宽广，这样他获取的东西就会越多。只有谦虚的人，才会用心接受并思考别人的忠告与建议；只有谦虚的人，才不会过于固执，以至于丧失对事物的准确判断，让自己陷入不利境地；只有谦虚的人，才能成为有智慧的人，才能坦然承认自己的不足，勇敢地攀上更高的山峰。

谦虚不仅使人进步，还能为人们赢得尊重和敬佩。保持谦虚的态度，并不只是为了获得美名，也不是为了得到这一美德而刻意去做。我们只有把谦虚作为充实自己的前提条件，认真总结经验教训，用心琢磨，才能让生命日趋圆满。

虚荣心的根源在于自信心的缺乏

一般情况下，虚荣心的根源就在于自信心的缺乏，疗法则在于培养自尊。但是这只有通过对客观事物的兴趣，激发起一连串的成功的行动才能达到。

——罗素《努力与舍弃》

人好虚荣，天性使然，膨胀的虚荣心是自我认识过程中的一大障碍。它也许能为我们带来一时的满足，暂时填补内心的空虚，但同时却使我们因此而背上沉重的包袱。一旦失去这虚幻的荣誉，我们心中就会痛苦不堪，直至坠入迷惘的深渊。

实际上，虚荣心是一种被扭曲了的自尊心，是人们为了取得荣誉和引起普遍注意而表现出来的一种不正常的情感。我们每个人都会对自己的能力和未来有所期望，有时候这种预期目标与我们的现状相比，的确相去甚远。我们会为此而感到焦虑、难堪，失去自信，于是便会用不切实际的目标来支撑自己的行为，以虚假的幻象来掩盖自己的心理，无法勇敢面对真实的自我。

罗素认为，想要彻底根除虚荣心，最好的办法就是培养自尊心。自尊，不是一味的自大和自傲，更不是怯懦的自我怜惜，而是意识到自身作为个体存在所天然具有的合法性，是对自我生命的感恩和正视。自尊的人，能够正确认识评价自己，充分尊重自己内心真实的感受，因而也就不会产生虚荣这种自欺欺人的情绪。

虚荣心会窒息我们自然的本性，让我们失去做人应该呈现的真实圆满的状态。我们不能任由其发展，而是要负起对自己人生的责任。我们要对自己充满信心，敢于说出心中最真实的话，做自己最想做的事，而不是为了虚无缥缈的荣誉而暗自神伤。每个人的生命都只有一次，它值得拥有对世界上所有美好事物的体验。

开阔心胸容纳伟大的灵魂

一个人懂得了如何使灵魂变得伟大之后，如果仍然卑鄙偏狭、自私自利，仍然为渺小的不幸所困扰，仍然惧怕命运的安排，那他绝不会是幸福的。凡是具备伟大灵魂的人，其心胸都是开阔的，能让宇宙间八面来风自由吹人。

——罗素《广泛的兴趣》

大海之所以纳百川，是因为它渊深；山岳之所以高万仞，是因为它博大。做人，就应该有山海一样的器量，有宽宏大量的美德。

如果没有宽广的胸怀，就无法成就辉煌的事业。拥有宽广的胸怀，对他人包容，对自己包容才能高瞻远瞩，赢得更为广阔的天地。

一个人灵魂的伟大与心胸的开阔，是一种不需投资便能得到的精神滋补品，是宠辱不惊，笑看庭前花开花落的清醒剂，是一种使人做到猝然临之而不惊，无故加之而不怒的智慧和定力。

心胸开阔的人，就不会有斤斤计较、蝇营狗苟和鼠目寸光的行为，他们崇尚的是磊落坦荡、无私无畏和志存高远的品格。他们抛弃了狭隘偏激、小气和毫无意义的你争我夺，而得到的则是快乐和幸福，以及宽广博大而又融洽的人际关系。

我们要胸怀大度，让自己的思想境界不断升华。有了这种品质和境界，我们就会变得豁达，变得成熟，也使人与人之间的相处变得容易、简单。

这是是一种仁爱的光、无上的福分，是对别人的释怀，也是对自己的善待。有了这光芒和福分，我们就会远离仇恨，避免灾难，活得轻松、潇洒、磊落，赢得一个精彩的人生。

学会适当地改变是明智之举

聪明的人只要情势许可，就会感到快乐，如果他发现对宇宙的思考一旦超过了某一极点就会使人痛苦，那么，他就会转而考虑别的问题。

——罗素《幸福之路》

一个人能自始至终地坚持自己的原则固然是好事，但是当原来的状态已经变得价值低廉或是毫无价值的时候，学会适当地改变才是明智之举。

当旧有的世界变得陈旧不堪，我们的头脑变得反应迟钝，心灵也没有以前那么敏感的时候，根本的改变就迫在眉睫。

现实生活中许多人常抱有这样一种想法，认为自己虽然遇到了很多困难，但这时只要坚持一下，成功往往就会到来。这个看法并没有错，问题在于，如果你所选择的道路本身就存在着一些难以克服的问题，这个时候就不应该再坚持下去，应该懂得变通。因此，在一些没有胜算和科学根据的前提下，应该见好就收，知难而退。走错了路赶紧回头，检查其原因，调整原来的方向，从而突破桎梏，延伸视野，拓展新的思考空间。

变通是一种智慧，在善于变通的世界里，不存在困难这样的字眼。再顽固的荆棘，我们也可以用变通的方法拔地而起。我们应该相信，凡事必有方法解决，而且能够得到很完善的解决。这个世界每天都在变化，我们每个人身处的环境也在每天改变。如果不懂得变通，我们就很难适应这个变化的世界。

在观念决定一切的今天，只要做一点小小的改变，就可以避免在一次又一次地碰壁中消耗我们宝贵的体能和精力，我们将会更加积极理性地行动，得到的也将是更为广阔的天空。

不要反叛，要温和与友善

我们所需要的，既不是驯服，也不是反叛，而是良善的性情以及对人的友好态度。

——罗素《教育与规约》

温和友善，胜过强力风暴。一个灿烂的微笑，一个赏识的眼神，一句热情的话语，都能缩短彼此之间的距离。

林语堂先生说，生命原本应该充溢着爱、善、真，这样生命就会展现出完全不同的色彩。爱人、助人、善意的思想都能够唤起生命的最高情感操守，它给予我们健康、和谐和力量。而想真正做到这一切，就要控制住自己的情绪，抵抗来自精神领域的敌人。

温和友善就如同天使的翅膀，可以带来灿烂和美丽。一个温柔的回眸，便可以让一颗薄凉的心感受到温暖。温和的爱就像沙滩上的细沙，看似细小琐屑，却又无所不在。当你用一颗无私的心去付出时，你收获到的也将是累累的硕果。

时刻保持一颗同情心，力所能及地关心周围需要帮助的人，我们会看到人性的绚烂之花。而如果我们丧失了友善的心，对身处困境的人熟视无睹，我们就会把自己推进冷漠的世界。

温和友善是一个人品性的体现，它不仅需要我们对别人的关爱和付出，还需要人与人之间的理解、关心和互助。一个友好而和气的人，也会得到他人和社会的尊重。

兴趣使心灵找到宁静之所

厄运降临而能承受，明智的方法莫过于在快乐的时候便去培养相当广泛的兴趣，使心灵能找到一处宁静的所在，从而唤起别的联想和思绪，而不是那些使现在难以忍受的痛苦的联想和思绪。

——罗素《广泛的兴趣》

兴趣爱好的培养对一个人一生的身心健康都有着非常重要的意义和影响。有着广泛的兴趣，可以怡情悦性，锻炼能力，让我们生活中的一些烦恼和压力得到释放。当然，兴趣广泛还有一个更为重要的作用，那就是当我们遇到生命中难以承受的挫折的时候，我们依然能够让自己的心灵找到一处安放的所在。

我们之所以会感到自己受到毁灭性的打击，那多半是因为我们对一件事情的成败太过于专注，所抱希望太大，所以患得患失。一旦失败，就会感到生命中最重要的东西瞬间坍塌，支撑我们奋力拼搏的信念支柱倒下了，因此，我们就会感到无比痛苦，甚至感到生命失去了意义。

但是，倘若我们有着多个爱好，多种追求，那么，当其中一种理想遭到摧毁的时候，我们依然能够坚持从它的阴影中逃脱出来。我们会将自己的精神和注意力转向其他的爱好上，减轻已有的痛苦。这样，我们因失败而受到的心灵冲击力和破坏力就会大大减弱，尽快从挫折中恢复过来，以新的希望和力量去打拼一个更好的未来。

■淡泊可以从根本上祛除恐惧

有两种对付恐惧的方法：一种是减少外部危险．另一种是培植淡泊的忍耐心。除了那些必须立即采取行动的地方，后者可通过避免产生恐惧的原因而得到加强。

——罗素《政治欲望》

恐惧是人生命情感中难解的症结之一。罗素认为，对付恐惧有两种办法，一是减少外部危险，二是从自我的内心消除恐惧感。

面对自然界和人类社会，生命的进程从来都不是一帆风顺、平安无事的，总会遭到各种各样意想不到的挫折、失败和痛苦。

当一个人预料将会有某种不良后果产生或受到威胁时，就会产生这种不愉快情绪，并为此紧张不安、忧虑、烦恼、担心、恐惧，程度从轻微的忧虑一直到惊慌失措。

很多时候，外部环境以及客观条件带来的恐惧感并不是我们所能左右的。在忐忑不安的心绪的支配下，一种自然而然的焦虑就会在我们的心中积聚起来，转化为恐惧和惊慌失措。

因此要真正战胜恐惧，我们所要做的就是从内心上正视自己的恐惧，认清它的荒唐无稽之处，然后，毫不犹豫地甩掉它，轻轻松松、潇潇洒洒地生活。

在危险的环境中，倘若我们丧失了警惕，我们就可能闯进“连天使也害怕涉足的境地”。如今，先进的通讯技术把世界各地发生的事件送进每个家庭，我们已经可以了解到其他地区的文明，于是，我们对不可知事物的恐惧与无知的阴影就会逐渐消失。

恐惧有时也可以为我们所用。某些恐惧对于自我的保护乃是必要的。对危险的本能的直觉可以提高我们的警惕，帮助我们调动一切手段来使我们免受伤害。

■兴趣越多，受命运操纵的可能性越小

一个人的兴趣越广泛，他拥有的快乐机会就越多，而受命运之神操纵的可能性也就越小，因为即使失去了某一种兴趣，他仍然可以转向另一种。

——罗素《热情》

比起对生活的一般热情来，非常专门的兴趣，作为幸福的源泉，是不会令人感到满意的，因为它很难填补一个人所有的时光，并且总面临着这样一种危险：他也许会在某一天全部理解那个已经成为他的爱好的特殊事物，因此感到兴味索然。

尽管生活不可能一帆风顺，但是只要我们的心是向着阳光的，就不会感受到悲伤。找一件自己喜欢的事情，全身心投入地去做，本身就是一种快乐的享受。这种快乐，要比花费钱财到游乐场寻找乐趣要划算得多。

快乐本来不需要刻意为之，为快乐而快乐，抓住生活中的每一个小惊喜，尽情发挥，你会发现，这种“碰巧为之”的乐趣是任何既有的娱乐形式都无法比拟的。

一个过分发展了单一欲望的人，往往具有一种根深蒂固的烦恼，他时刻在寻求躲避无法摆脱的恐惧。如果我们兴趣广泛，那么

在失去其中一些兴趣所带来的希望和快乐之后，还可以从另外的兴趣中及时得到弥补。

■艺术是最崇高的享乐

艺术是一种追求，是对享乐的一种最崇高、最完美的追求。如果你认为享乐不道德，则艺术也不道德。

——罗素《怎样才能自由和幸福》

在一切精神创造中，灵魂的创造永远是第一位的。伟大的艺术，就是在为灵魂创造生动活泼，却又匆匆流逝的价值。

艺术，可以为生活营造一种审美氛围，可以将人、物、景、情和谐地融合起来，为生活增添了色彩。艺术是一种审美领悟和享受现实价值的习惯，它的价值在于产生一些活力和变化，而使人感觉到生命的趣味。最重要地，是要让人在生存的能力方面，与现实生活的历程中，都可以设法去欣赏、去体悟。

如贝多芬的第九交响曲，表现出压抑、痛苦、忧郁、希望、挣扎、激奋、斗争、挫折，表现出不屈不挠的意志和最后的欢乐。这些思想感情所构成的音乐形象，诉诸听觉、想象中，使人的灵魂得到洗礼，让人们感受到生命的崇高和生活的丰富。

因此可以说，比起其他的享乐方式，艺术能够为我们带来最高规格的精神享受，让我们的生活充满愉悦的诗意。它存在的理由一方面是直接的享乐，另一方面是内在的存在法则，它使我们的灵魂变成了永恒价值的体现，超越了曾经的自我。

伟大的艺术，就是为灵魂创造活泼而又易逝的环境。它不仅是一时的刺激，更为灵魂增添了丰富内容，使其具有自我的成就感并且永恒地存在。艺术不但带给人感官的享乐，同时它又使得灵魂成为了永恒价值，超越了自我。

掩盖真相比诚实更难

即使真相并不令人愉快，也一定要做到诚实，因为掩盖真相往往要费更大力气。

——罗素《论教育》

说谎，似乎是人的天性。无论什么原因，每个人或多或少都曾说过谎。然而，说谎毕竟是一种欺骗，欺骗别人以掩藏自己的真实行为或为了达到某种目的。事实和真理总有一天会浮出水面的，谎言的纸终究包不住事实的火。

没有人会喜欢谎言，即使是善意的谎言。是“人性之林”里的一条蛇，灵活多变，是狡猾和诡诈的。它经常在真、善、美之间游走，对三者进行离间，致使真变为假、善变为恶、美变为丑，甚至能将人变成魔鬼。说谎者的嘴粘满别人的鲜血，这嘴像蛇的嘴一样有毒，被咬的人会因中毒而痛苦不堪，甚至丧命。

说谎者可能从说谎中暂时得到好处，但是他所得到的好处有赖于谎言不被人识破，而即使谎言不被识破，说谎者在心理上也要受到很大的折磨，因为他要费尽心机，不断地用新的谎言去弥补旧的谎言；而他每说一次谎，又使后面的谎言变得越来越必须，这就增加了他被识破的危险，而最重要的是，他只要有一点自我反省的能力，就不难想到：这样自己成了一个什么样的人呢？这样的生活不是太苦了吗？由此而来的利益不是太沉重了吗？如此一来，便让谎言伤害了自己。

说谎的人能用谎言去骗取他人的信任，他们本身是聪明人，但有句古话用在这些说谎者身上再合适不过了，那便是："聪明反被聪明误。""聪明"的说谎者并不明白"纸包不住火"这样一个事实，从而往往是搬起石头砸自己的脚。

诚实是人与人之间相互信赖的基础，是我们人生无形的财富。用诚实和守信填满我们的心，自然就会感受到生活的真实。

错误本身都有借鉴的价值

错误本身有其借鉴的价值。只有那些善于从失败中总结经验教训，不怨天尤人的人才能避免重复犯错，从而使自己成为生活的智者。

——罗素《论教育》

在漫长的人生道路上，人人都期望自己能够做一个生活的智者。但是，仅从书本上以及成功的体验中学到智慧，那是远远不够的，实际的生活会让你从所犯错误中得到真正有价值的智慧。

生活是最严厉的老师，他的教育方式是让你先犯错，然后从中吸取深刻的教训。大多数人不懂得从错误中悟出道理，反而一味地逃避错误。他们以后还会一而再、再而三地犯错，就是因为他们不知道，害怕错误、推诿逃避的行为本身已经铸成了大错。

其实，错误本身并不可怕，可怕的是我们不会认真反省和总结，避免重蹈覆辙。一个人虽然犯了错误，但如果他能通过反思总结，知道自己为什么失败，并在今后注意避免不再犯同样的错误，那么错误对他来说比成功的经验还要珍贵得多。这种对错误的总结会让他成为一个真正的智者，更好地去面对未来生活的种种考验。

追求卓越的过程，其实就是不断犯错误、分析错误、改正错误的过程。我们不能在挫折面前过于自责，甚至沮丧地产生“我是失败者”的想法。这不仅会让你的生活变得乏味且痛苦，而且还会让你沉溺其中不能自拔。

只要正确对待错误，学会从错误和失败中找到问题的关键，对症下药，就可以顺利地征服困难、扭转乾坤，取得自己想要的成就。

嫉妒应该被用来刺激自我

尽管忌妒是邪恶的，其影响是可怕的，但它并不完全是个魔鬼。它一方面是英雄式的痛苦的表现，是在茫茫黑夜中艰苦跋涉者的痛苦，是那些走向更好的安息之处、甚或死亡和毁灭之处的人的痛苦。要在这绝望之中寻觅出一条正确的道路，必须像开阔视野一样，开阔自己的心胸，必须学会超越自我，获得普遍的自由。

——罗素《幸福之路》

我们总是会把嫉妒当做一种有害身心的负面心理，对它进行口诛笔伐。嫉妒的确会为我们的生活带来很多消极影响，但有些时候，适度的嫉妒反而是有利于我们的。

妒火中烧固然有害，但其中也包含着巨大的能量，如果能够加到好处地运用这种能量，就可以将这种错误的心理转化为可以发挥积极作用的推动力量，加速我们升华并实现自己的理想和抱负。

假如我们意识到自己的内心充满了愤怒和嫉妒，我们就要全身心地投入内省的行动当中，去寻找愤怒和嫉妒的缘由，看清它们的真相，从而改变或消除它们，以恢复内心的和谐与宁静。同时，我们还要在心中暗下决心超过这个令我们产生妒忌心的对象，这会使我们克服自满情绪，激发潜能，立即我们奋勇直追，直到获得最后的成功。

因此罗素说，在妒忌不可避免的地方，应当利用它刺激人们去自我努力，而不是去阻碍对方的努力。一个人如果总是处于一种风平浪静的清淡状态之中，很有可能会在日复一日毫无变化的生活和工作中失去激情和斗志。没有嫉妒的对象，没有竞争的对手，最后自己也将会逐渐变得碌碌无为，一事无成。

满足财富的追求

■真正的奖赏来自于内心

真正的艺术家首先希望的是去创作出某一件艺术作品，然后再希望这件作品能受到别人的欢迎和赞赏，但是即使这种欢迎和赞赏并没有出现，他也不会因此而改变自己的艺术创作风格。

——罗素《虐待狂》

在我们的生活中，奖赏无处不在：为了让小孩考个好分数，父母往往许诺奖赏；长大成人了在各个部门工作，部门会设立各种奖励、奖金、勋章来诱惑你。

这也是今天目标偏执的教育所暗暗隐藏的危机，它使我们的注意力全都集中在了获得奖赏的结果上去，而忽视了行动过程中的苦乐享受。

然而，对一个真正成熟的、为了理想而执著追求的人来说，奖赏是一种愚弄。他是不需要外在的奖赏的，因为他的奖赏只来自于内心，就在他的付出之中，他不会盯着那个外在的奖赏而为之奋斗。即使再困苦，他的生命也不卑微，也没有贬值，他倾尽心血的创造，总有一天会被公认为人类最伟大的作品之一。

如果人生的一切追求都只是为了功利，那未免就误解了人生。

在我们的生活中，或许常常会因自己角色的卑微而否定自己的智慧，因自己地位的低下而放弃自己的梦想，有时甚至因被人歧视而消沉，因不被人赏识而苦恼。这个时候，我们就应该大声对自己说：我生命的火焰永不熄灭，总有一天，会照亮大地与天空。

正如罗素所说，一个真正的艺术家在他的热情之中，是不会不崇拜金钱的，因为他有专属于自己的梦想和愿望，并且他所追求的对象只有他能创造出来。而金钱的崇拜者绝不能做出如艺术家般的伟大成就。

竞争以牺牲感觉为代价

生活就是一种奋斗，一场斗争，在这场斗争中，荣誉属于胜利者。这种观点导致了对意志力培养的过分强调，而这是以牺牲各种感觉和才智为代价的。

——罗素《幸福之路》

在今天，生存的压力很大，我们每个人都不得不在这场残酷地争斗中奋力拼搏。往往有些这样的人，他们太注重竞争，以至于过度培植了意志，强行压抑了自己感受生活和幸福的能力。

罗素把这样的人称作“现代恐龙”，认为他们像史前的恐龙一样，为了获得巨大的成功，甘愿放弃智慧而只要权力和财富。然而，那些远古的庞大生物并没有赢得最终的生存胜利，却被旁观者占据了他们曾经费尽心思创造的一切。

我们应该深深反思这一严酷的事实，不要让自己陷入盲目竞争的漩涡中无法自拔，以致迷失了前行的方向，失去了对生活和爱的敏锐感受。

要在忙碌的拼搏中适时为自己解下种种枷锁，放下身份地位，抛弃在社会中各种各样的头衔和职务。无论看到天空划过小鸟的痕迹，还是闻到路边野花的芬芳，都能感受到自然的美丽和自由的心情，忘掉所有的烦恼和不快。

我们要用心感受每天的生活，饶有兴趣地静静观察周围的一切，思考我们的行为，体会到一种完整而喜悦的过程。让我们在每一个感觉和情绪中，无论是快乐的还是忧郁的，都能毫无保留地敞开自己。这样，我们就可以进入一个极为广阔的领域，那里没有无休止的争斗，没有钩心斗角，也没有压抑和隐藏，有的只是无限的自由和单纯。

■成功的快乐需要困难跟随

成功的快乐需要困难跟随，即使在最后这种困难得以克服，但它必须使得成功在开始时没有把握。这也许就是别对自己的能力估计过高乃是幸福的源泉之一的原因。

——罗素《幸福之路》

面对生活中所遇到的坎坷与创伤，我们并不应该一味地去抱怨，相反，还更应该学会去感激它们。因为只有在挫折中，人才能不断地成长。

我们的一生就是在这样跌宕沉浮的过程中走向顶峰的。即使是在很小的磨难中，我们所学到的东西也要比长期一帆风顺所带来的丰富得多。正是不平凡的经历，才造就了不平凡的人。

苦难是人生中用来考验我们的一份最高含金量的试卷，只有经历过苦难磨砺的人生，才会光芒四射！因为命运在赐予我们苦难的同时，往往也把一把开启成功之门的钥匙，放到了我们的手中。

我们每个人都会遇到各种困难，浅尝辄止，轻易言退，是做事的大忌。苦难就像一条狗，生活中，它不经意就向我们扑来。如果我们畏惧逃避，它就追着我们不放；如果我们直起身子，挥舞着拳头向它大声吆喝，它就只有夹着尾巴灰溜溜地逃走。只要你拥有对生命的热爱，苦难就永远奈何不了你。

在人生的历程中，我们只有具备对风吹雨打的抵抗力，才能让自己站稳脚跟。正如山崖上的松柏，经过无数暴风雪的洗礼，终于长成像铁一样坚固的树干。只有经历过人生磨难的人，才能成为生活中的强者和成功者。

苦难本来就是人生最好的学校，世界的颜色原本就由我们自己决定，智慧之人会擦亮自己的眼睛，看到磨难背后隐藏着的成功。当我们的心境修炼得风雨无惊时，我们便能领略人生路上最亮丽的风景。

单调的工作也比无所事事好

工作应该被看做是幸福的源泉，还是不幸的源泉，尚是一个不能确定的问题。确实有很多工作是非常单调沉闷的，工作太重也总是令人痛苦的。然而，如果工作在数量上并不过多，即使是单调的工作对于大多数人来说也比无所事事要好。

——罗素《工作》

工作，是现代人生存的常态，无论男女，在农村也许因季节的变化，你会享受片刻的休息时光，但是一旦来到城市这个大机器里，你要想活着，必须把自己变成一颗螺丝钉，随着城市一起运转；否则，你的结局只能是被抛到城市之外。所以，你必须工作。

但是，如果你单纯用工作来填充自己的人生，那你的人生就只剩下了一种颜色——灰色。工作带来的压力，工作中的人际关系，上下级的关系，会让你倍感焦灼，于是渐渐地，你就会陷入一种亚健康状态。是的，很多现代人都有这种状态，这时，你就要转换对工作的态度，首先要把工作作为一种兴趣，带着激情去工作。

尽管罗素把工作视为幸福的源泉，认为好好享受工作中的乐趣是人生的一大快意事，但并不是人人都能做到这一点。

当超负荷的工作压得人们疲惫不堪时，很多人都觉得所谓的天堂，只要什么也没发生，什么也不需要改变就行了。

终日的辛劳会使人们产生错觉，好像只要能够得到片刻的休息，那就是幸福。但事实上，如果一个人休息得过久，油然而生的厌倦会驱使他们重新投入到工作中。所以，幸福的生活应该是拥有丰富的创造性的活动。如果整日像机器一样，按照定好的模式重复地转动着，那我们必将会忍受难熬的痛苦和折磨。

成就感是谁也剥夺不走的幸福

从一种伟大的建设性事业的成功中获得的满足，是生活能够提供的最大快乐，虽然不幸的是，在最高的形式上，它只为那些才华超群的人所独

有。在一项非常重要的工作中，一个人所获得的成就感是谁也剥夺不了的幸福。

——罗素《工作》

罗曼·罗兰曾经说过，一切生命的意义就在于创造的刺激。一个人是否具有创造力，是一流人才和三流人才的分水岭。

大多数人都有创造的本能，都有做成一些事情的愿望，直等到它因不用而变为萎缩。凡是获得最伟大成果的人，几乎都是这个本能最强的人。根据各人的资质和机会，这样的人可以成为人类历史上最优秀的艺术家、科学家、政治家、帝国的创立者或工业巨头。

最有益和最有害的事业，都是从创造的冲动激发出来的。没有了它，世界文明将会降到很低的水平。

不仅是杰出的人才有这种创造的本能，普通人中间通常也存在着，只是各人有多少的不同。

罗素曾经说过，我们毕生寻求的是这样一个世界：在那里，创造精神让每个人充满活力，生活是一次充满欢乐与希望的冒险历程，它由一种创造的冲动和热情主宰着。

这将是一个感情不受约束的世界。爱不再带有任何统治欲望，自由与幸福将清除一切残暴，每个人的生活都能充满精神的愉悦。这样的世界完全可以实现，只要我们满怀热情地去创造它。

活力和热情战胜一切不幸

一个具有充分活力和热情的人，在每次打击之后便能对人生和世界再度发生兴趣，因此他战胜了一切不幸，对于他，人生与世界绝不会变得如此狭小，以至于一次打击就是一场毁灭。

——罗素《广泛的兴趣》

热情和活力，是一种让人无法抗拒的力量。每一个深陷困境，备受折磨的人都不能没有它。热情，是一把熊熊燃烧的火炬，我们人生路途中遇到的挫折都会被它燃成灰烬。

一个年轻人最让人无法抵御的魅力，就在于他的活力四射以及满腔的热情。在他们眼里，未来只有光明，没有黑暗，即使会遇到险境，最终也可以转危为安。

对生活充满热情的人都有着积极的心态、积极的精神状态。拥有热情的人，无论碰到什么事情，都能够以乐观的心态去面对、去采取行动。他们总是面对朝阳，远离黑暗。他们不仅性格光辉灿烂，而且命运也是铺满阳光，即使是危难之时，他们也总是可以化险为夷。

热情和活力不仅能够打倒平庸，催生奇迹，更能使一个人的内心变得强大。如果你发现并感受到热情和活力的放射力量，你就不会再受到怯懦、拖延、自卑或恐惧的困扰。一个人激发热情的能力来自于一种内在的精神特质。它就像微笑一样，是会给你带来积极行动的动力的。

正如罗素所说，当其他状况基本相同时，充满热情和活力的人比那些没有热情的人更能获得优越的成就。

问题往往没有想象的严重

在你对最坏的可能性作了长久的持续的审视，并且怀着确信对自己说“毕竟这问题并不是那么严重紧要”之后，会发现，你的焦虑已经消减到一种最小的程度。重复几次这一过程，如果你面对最坏的可能性也没有退缩逃避，你的焦虑就彻底消失了，取而代之的是一种振奋激昂的情绪。

——罗素《幸福之路》

遇到棘手的事，要先做好最坏的打算。这样才不会在抱有很大希望之后得到极大地失望。

今天我们生活在太平盛世，人们全新体验着现代化带给我们的感受。其实，世界远没有真正的太平，天灾人祸不时威胁着我们的世界。

我们确实应该树立忧患意识，在竞争中谋取生存之道。“生于忧患，死于安乐”是亘古不变的道理。

常怀忧患意识，在竞争中才有生存之道；安于现状，或看不到、或不去看潜在的危机，不测的危险或许会找上门来。

如果时刻都有忧患意识，在做一件事情之前，先想想最坏的后果，自然能够做好全面的准备，在完成事情过程中不敢有丝毫的懈怠，那么便能品味到成功的欢悦，如果安于享受，不懂得做好“最坏的打算”，而是抱着今朝有酒今朝醉的态度去生活，那么就可能招致失败的烦恼和苦痛。

财富是声名显赫的通行证

尽管金钱本身很难使人声名显赫，但要达到声名显赫，没有金钱也不行。一个人挣钱多少成为公认的衡量智商水平的尺度。富翁一定是个聪明人，反之，穷光蛋就肯定不怎么聪明，没有人愿意被人看成傻瓜，于是，当市场处于不景气局面时，一个人便会像年轻人在考场上一样惶惶不安。

——罗素《幸福之路》

不论在古代还是现代，金钱在社会上的作用是绝不可以低估的。最有意义的资源就是金钱，金钱是所有资源转换的媒介，是衡量一个人的智商、情商以及个人能力和素质的一把标尺。

生活中有很多人常标榜自己贫穷，好像很清高，不会为钱而放下自己高贵的人格。不论有多少赞美贫穷的言论，我们都不得不承认这样一个事实：没有强大的财富后盾，一个人无法过上真正幸福而美满的生活。

除了极少数人可以清心寡欲、不食人间烟火外，更多的人，如果落到那一步，实在是一种无奈。要想获得幸福和生活，金钱是不可或缺的一种因素。拥有金钱，也许你并不幸福，但是如果没有金钱，你也不会幸福。

财富是进入社会的通行证，为了人生的幸福，你要消灭贫穷。贫穷是人生的罪恶，而生活的富裕不但是一种抱负，更是人生的一种义务。拥有了财富，你才能得到别人的尊重，你的地位才能显示，否则，你就不会被大家所认可。

物质财富是生存的必需品，也是增进休闲方式、提高生活品质的一种途径。但金钱不是万能的，它只是一种工具，是生活的保障。如果把金钱本身当成了目的，人们就会陷入失望和不满，并且永远无法达到提升生活品质的目标。

■金钱为人提供闲暇时光

我一向将金钱视作安逸快活的闲暇时光的来源，而典型的现代人则将获得更多金钱视作在同阶层的人面前炫耀、展现自我优势的资本。

——罗素《财富的崇拜》

财富虽然是人见人爱的东西，但是人们对待它的态度就所不同。有的人是为了敛财而疯狂，不惜做出伤风败俗，有违人性的事情；而有的人则是通过艰辛的耕耘，付出勤劳的汗水得到钱财，是为了满足物质生活的需要。

在现代社会里，一些人虽然能够很快致富，却不能很好地把握金钱，他们坚定地认为：钱就是用来享受的，随心所欲地花自己的钱，就是一种快乐的生活方式。于是用不了多久，他们又转入了贫穷的轮回。

不论是以怎样的方式聚敛的财富，当今很多人的确非常富有。财富确实是为他们带来了一些荣耀，这种荣耀在他们身上便成了炫耀的资本。

财富是一种祝福，是有文化修养的标志，也是进入上流社会的通行证。很多富豪对财富有着特殊的喜好，他们认为财富是上帝赐予的礼物，是对辛劳与美德的奖赏。

财富只有用在真正有意义的事情上，才能彰显它的作用，只有用在真正需要它的人身上，才能增加它的价值。那些靠财富来炫耀自己的奢侈享受，靠虚荣来麻醉自己心灵的人，财富早已在他们的灵魂上烙上了耻辱的印记，他们将永远品尝成为金钱奴隶的悲哀。

■巨富和赤贫都不能带来幸福

在我一生当中，我认识许多有钱人，可我实在想不起他们中间有哪一位显得自由或者幸福。我也认识许多极其贫困的人，他们同样不自由、不幸福。但介于二者之间，你会发现最自由、最幸福的一群。巨富和赤贫都不能带来幸福。

——罗素《怎样才能自由和幸福》

想要生活富足快乐，必须有一定的金钱和物质作为保障。但是物质的东西，就其本身来说，并不能带来真正的幸福。正如哲学家史威夫特所说："金钱就是自由，但是大量的财富却是桎梏。"如果我们把金钱当做上帝，它便会像魔鬼一样折磨身心。

人的肉体需要是很有限的，无非是温饱，超于温饱的便是奢侈，而人要奢侈起来是永无止境的。一个人为维持生存所需的物品并不要太多，那些多余的东西固然能够给我们提供额外的享受和荣耀，但如果一味地强求，人自身便会沦为物质的奴隶，活在一个被扭曲的世界。这就是为什么许多人虽然看上去得到了无上的享受，但是却并不真正幸福的原因。

人们经常在富贵的诱惑中迷失自我，忘记了生活的本意，结果得到的财富越多，飞走的幸福也越多。如果我们每个人都能够保持清醒的头脑，那么要获得幸福就容易多了。

杜甫有诗云："丹青不知老将尽，富贵于我如浮云。"有的人爱绘画竟不知老年将至，看待富贵荣华有如浮云一样淡薄。幸福与拥有多少财富无关，不生病，不缺钱，做自己爱做的事，就是生活的幸福。

■腐朽生活与物质崇拜相互影响

一般说来，因为生活的腐朽才促进了物质的崇拜；物质的崇拜又倒转来加速它赖以繁殖的生活的腐朽。凡是崇拜金钱的人，他不再希望通过自己的努力和行动来得到幸福：他把幸福看成从外界得来的一种被动的享受快乐。

——罗素《财富的崇拜》

假如只把追逐金钱作为人生唯一的目标，人就会变成一种可怜的动物，就会被金钱这种自己所制造出来的工具捆绑起来，不得自由。对待金钱必须要拿得起、放得下，赚钱是为了活着，但活着绝不是为了赚钱。

金钱并不是唯一能够满足心灵的东西，虽然它能为心灵的满足提供多种手段和工具，但在现实生活中，人不能只顾享受金钱而不去享受生活。

对于金钱，不仅仅要取之有道，而且还要用之有度，科学合理地使用金钱，才能够让金钱发挥出更大的价值。其实，金钱本身没有力量，只是使用得当，才产生无尽的力量。

享受金钱只能让自己早日堕落，而享受生活却能够使自己不断品尝人生的幸福。享受金钱会使自己的心智被金钱束缚住，从而整天为金钱所困惑，为金钱而痛苦，生活便会沦为围绕一张钞票而上演的闹剧。

懂得享受生活的人则不在乎自己有多少金钱，多可以过，少一样可以过，问题在于自己能够处处感悟到生活。懂得享受生活的人会感觉人生是无限美好的，于是越活越有劲。

■满足是一个总躲着你的美丽梦想

无论你获得多少财富，你总希望得到更多；满足是一个老是躲着你的美丽梦想，你是不会满足的。

——罗素《政治欲望》

一个人拥有多少财富才算足够？这个问题可能并不容易回答。因为钱财之于人的诱惑总像无底洞一样，看不到边际，也揣测不清它的深浅。一个被名利迷住双眼，无法自拔的人，终究会因为欲望的不断膨胀而迷失自己，丧失人生的乐趣。做人要知足，不能奢求太多，懂得感恩和满足，才能获得人生之乐。

旧的欲望满足了，新的欲望又来了，而且欲望一次比一次大、一次比一次难以满足。所谓欲壑难填，就是这个道理。这样一来，人生便没有快乐可言。过度的欲望让蜈蚣步伐缓慢、举步维艰，而人的心里一旦产生过分的欲望，终有一天，也会产生超载的现象，而这种负荷的结果是不堪设想的。

为了得到幸福，我们应该学会为自己的欲望打折。过多的欲望就会滋生贪婪，它会搅得我们的生命不得安宁。私欲的沟壑是填不满的，如果我们每天都去注意自己的欲望是否得到满足，那么将时刻处在痛苦的煎熬之中。

适当地修剪一下自己的欲望，别让那些不必要的贪念支配我们的生活，让我们在不经意间错过了生命的花期。

目标要始终如一

始终一贯的目标并不足以使生活幸福，但它是幸福生活的一个几乎不可或缺的条件。而始终一贯的目标，主要体现在工作之中。

——罗素《工作》

人生自然有自我存在的价值，选择一个目标，也就等于明确了人生的方向，这样才不至于迷失。

一个人之所以伟大，首先在于他有一个伟大的目标。有了目标，人们才会下定决心攻占事业高地；有了目标，深藏在内心的力量才会找到“用武之地”。若没有目标，绝不会采取真正的实际行动，自然与成功无缘。目标是获得成功的基石，是成功路上的里程碑。目标能给你一个看得见的靶子，你一步一个脚印去实现这些目标，你就会有成就感，就会更加信心百倍，向高峰挺进。

目标是一种持久的热望，是一种深藏于心底的潜意识。它能长时间调动你的创造激情，调动你的心力。你一旦想到这种强烈的愿望，就会产生一种原子能般的动力，就会有一种钢铸般的精神支柱。一想到它，你就会为之奋力拼搏，就会尽力完善自我，在艰难险阻面前，决然不会轻易说“不”字。为了目标的实现，去勇敢地超越自我，跨越障碍，踏出一条坦途。

心中拥有目标，给人生存的勇气，在困苦艰难之际赋予我们坚忍不拔的毅力。目标激励人心，产生活动能源。造成人与人之间命运悬殊的，往往不只是因为谁比谁更卖命或谁比谁聪明，而是因为谁有目标以及谁的目标更清晰、更能持久。

真正上乘的欲望不为物质左右

真正上乘的欲望不会被物质舒适的嗜好所左右。

——罗素《权力冲动》

物质的舒适是天使和魔鬼的结合体，它具有极强的诱惑力。它可以用来干好事，也可能滋生罪恶。有人说，物质享受是“万恶之源”，会带来贪婪、欺骗，会蒙骗人的眼睛，甚至使至亲反目成仇。

的确，物质享受会带来灾祸，但这并不是绝对的。物质享受本身并没有善恶对错之分，关键看你如何对待它。只有当物质享受诱使人游手好闲、贪图享乐时，它才是一种灾难。

其实物欲并不是什么可怕的东西，相反，人们必须依靠物欲来生活。而实际上，人的欲望是不可能完全满足的，所以人不能回避对物欲的渴求，更不能被欲望所压倒。

物质享受在我们的生活中占据着重要地位，但物质享受并非我们人本身，它充其量是与我们密切相关的身外之物罢了。因此，不必对此过分贪恋。可现实中，人们总是在拼命地追求物质享受，为这个身外之物苦苦钻营，以致给自己带来了沉重的精神压力，甚至活得喘不过气来。

人的一生中为钱工作是不值得的。但若认为钱丝毫不重要也是绝对不正确的。生活中的确有许多比钱更为重要的东西，但没有钱的生活会很不完美，甚至很悲惨。钱不但可以维持人的基本生活需求，也可以维持人们接受高等教育的需求。

我们必须明白，物质享受本身并不能成为人生主角，它只是人生的一部分，任何妄想将物质享受置于主导性地位的企图，终将会导致各种各样的大灾难。

最好的工作是使你得到学习的机会

最好的工作不是能够给你带来多少财富，而是能够使你得到终身学习的机会。如果你遇到这样的工作，那么一定要牢牢地抓住它。

——罗素《论教育》

学习是一件终生的事情。一个人的为学精神只有永远年轻，才能够“苟日新，日日新，又日新”。因为终生不倦地学习，才能时时保持进步的状态，随时都会有新的境界。

一份只需要重复的机械劳动的工作，会让我们逐渐丧失斗志和创意；而一份需要我们终生学习的工作，才能使我们马不停蹄地探索新知识、勤于思考，学会学习的能力。这才是一种真正的力量，不断地学习、充电、镀金的人才是将来社会真正的赢家。

在工作中坚持学习的人才能有很多机会发现自己的缺点和不足，然后再通过进一步学习来加以改善和提升，使自己的心灵得到升华，思维得以改造，行为得到修正。学习是一个内外兼备的变化气质的过程。

不断学习新的知识才能打破成长界限。能够给我们提供终生学习机会的工作，可以使我们眼界高远，不断给自己提出新的目标，而不会将自己局限于一个小小范围之内，我们的成长才能是无边界的。

学无止境，学历只代表过去，只有学习能力才能代表将来。持续学习、虚心请教，才能少走弯路；盲目自大，放弃学习，放不下架子向别人请教，结果就很可能会摔跟头的。

生命有限，知识无穷，任何一门学问都是无穷无尽的海洋，都是无边无际的天空，需要我们不断地去进取和钻研。

伟大的事业源于坚韧不断的工作

伟大的事业是根源于坚韧不断的工作，以全副的精神去从事工作，不避艰苦。

——罗素《幸福的根源》

水滴石穿，绳锯木断。有了人生的理想还不够，还要看有没有坚持追求理想的勇气和信心。如果做事情总是三心二意，即使是天才，也会一事无成的。只有仰仗恒心，点滴积累，才能看到成功之日。勤快的人能笑到最后，而耐跑的马才会脱颖而出。

梦想是人生的舞台，但是很多时候，它被时间锁在环境的空楼里。我们只有坚持做一个快乐的小丑，全力以赴的与时间抗衡，才能最终以胜利的姿态笑傲生活。

在我们的身边，能够亲眼目睹很多人被拒之于成功的大门之外，他们失败的原因往往就是缺少一份再试一次的勇气和再坚持一下的决心。古往今来，成大事的人身上几乎都有一个最明显的个性，那就是坚定执著。

石头是很硬的，水是很柔软的，然而柔软的水却穿透了坚硬的石头，这其中的原因无他，唯坚持而已。我们在黑暗中摸索，有时需要很长时间才能找寻到通往光明的道路。以勇敢者的气魄，坚定而自信地对自已说，我们不能放弃，一定要坚持。也只有坚持，才能让我们冲破禁锢的蚕茧，最终化成美丽的蝴蝶。

记住这句话：再长的路，一步一步总能走完；再短的路，不去迈开双脚将永远无法到达。再多一点努力，多一点坚持，你会惊奇地发现：空气里到处都穿行着绚烂的成功之花。

指引个人的成长

一切苦难都会过去

我们的行为并不如我们想象的那么重要，成功或失败归根结底关系不大。再大的痛苦都可以忍受克服，那些似乎使人的幸福一去不复返的困难，随着时间的流逝也会渐渐消失，以至于到后来人们都很难回忆起当时的困难有多么巨大了。

——罗素《幸福之路》

人生就像天气一样变幻莫测，有晴有雨，有风有雾。不管是谁的人生，都不可能一帆风顺。等我们年老的时候，回过头看看自己走过的路，看看那些辛酸的泪水，以及欢乐的笑声。当一切成为过去，曾经的痛，曾经的快乐，都成了过眼云烟。既然一切都会过去的，那么对于眼前的不幸，便不必过于执著。

变化是宇宙间最恒久的事。假如我们学会欣然接受变化，对眼前的种种难题和烦恼就能处之泰然。因为我们知道“这一切都会过去”。

明白了无论我们喜欢不喜欢，都没有一样东西会停留不前，所有的一切都会随时光流逝，我们也必须接受一切变化。正是由于两种东西永远都不可能在同一空间同时并存，因此才会推陈出新，让我们有机会成长。我们应该记得，一扇门如果关上，必定有另一扇门打开。

困难与痛苦都是推动我们获取成功的重要因素，只有相信一切都会过去，美好的未来总会来临，我们才能不惧怕眼前的挫折和失败。

一切都会过去，一切过往都会成为历史。让我们忘记昨日的种种磨难与心中的不快，憧憬未来那些美好而又幸福的生活，让乐观来消除痛苦，以从容智慧的心来迎接生命中的机遇与挑战。

狂热的爱好是对现实的逃避

狂热的爱好，在许多情况下，也许是绝大多数的情况下，都不是根本的幸福之源，而只是对现实的逃避，只是对某些极端痛苦的、难以面对的时刻的忘却。

——罗素《幸福是可能的吗》

罗素曾大力赞美兴趣爱好的好处。他从不认为发展爱好是浪费时间，认为觉得对一定事物产生兴趣，可以让我们更加专注，为我们创造滋生幸福的条件。

但是，罗素同时指出，对于一项兴趣爱好太过于狂热也并非一件好事。因为这些狂热的爱好本身并不是幸福之源，他们只是由一些成就感和空想而组成。

对某种爱好过于狂热，将它当成一种精神寄托，是为了逃避某一事物而寻找的一个支柱。这样的嗜好虽然可以帮助我们对付眼下的困难，让自己过得较为舒心，但从长远来看，并不是非常有益的。

有的人往往在遭受某种挫折之后，疯狂投入到自己的爱好中。这样的表现，已经超出了对一种兴趣的正确喜爱，而是成为了逃避现实痛苦的避难所。

这会使人远离现实社会，阻碍了与他人的正常交流，是一种自我封闭。这样的爱好是不利于我们身心健康的，也不利于人生价值的实现。

豁达是心与心的交融

青年时期是豁达的时期，应该利用这个时期养成自己豁达的性格。

——罗素《幸福之路》

豁达是心与心的交融，是仁人的虔诚，是智者的宁静。豁达是一种大度，能够容纳万物，能够包含太虚。心旷为福之门，心狭为祸之根。心胸坦荡，不以世俗荣辱为念，不为世俗荣辱所累，就会活得轻松、潇洒、磊落。

生活中，我们要学会培养豁达的心境。特别是在青年时期，豁达性格的养成更是极为重要的。

人在青年时期，风华正茂，血气方刚，对外在事物更为在意，往往会因为一些琐事而与别人大动干戈。而中老年时期，由于社会阅历丰富，岁月的沉淀使人的胸怀更为宽广深厚，因而能够自然而然做到豁达大度。

以乐观、豁达、体谅的心态看问题，就会看出事物美好的一面；以悲观、狭隘、苛刻的心态去看问题，你会觉得世界一片灰暗。两个被关在同一间牢房里的人，透过铁窗看外面的世界，一个看到的是美丽神秘的星空，一个看到的是地上的垃圾和烂泥，这就是区别。

为人处世，要有“豁达大度”的胸怀，在处理人际关系时，要气量宽宏，能够容人。在青年时期养成豁达的气量和能够容人的胸怀，那么，在以后的人生旅途中就会格外顺利、舒心。

唯有保持一种豁达的心态才能将平凡的生活过得生机勃勃，将沉重的生活变得轻松活跃。曾经的痛苦也会在豁达的生活态度中变得美丽甘甜，成为回忆中最富有色彩的绚烂篇章。

自恋是习惯化了的负罪感的对立物

自恋，在某种意义上，是习惯化了的负罪感的对立物。它包括对自我的爱慕和希望得到别人的爱慕的习惯。当然，某种程度的自恋是正常的，人们也不必为之哀叹；然而一旦这种自恋发展过头了，它就会变成一种恶习。

——罗素《幸福之路》

每个人都会有或多或少的自恋倾向。人人都应该爱自己，但是爱得过了火就危险了。

一般性的自恋不一定是坏事。很多艺术家在某种程度上的自恋，有时候不仅不是问题，反而可以增加他们的个人魅力。

自恋的人总给予自己过高的评价，同时也助长了自己的自私与傲慢。

“自恋”本身是中性词，是指一个人的自我价值。一般人都会有健康的自恋，认为自己是有价值的人，值得被爱与被尊重，同时也有能力去爱和尊重别人。自恋者自我欣赏，又很在乎别人是否关注自己，并且期望得到别人的认同或赞美，但因为缺少与他人平等相处、沟通的能力，所以活得很累。

过度的自恋是指自我价值受损，表现为自大或自卑，过度关注自己，不善于跟他人交流，缺乏共情的能力，丝毫不会考虑他人的想法，只是希望自己的愿望应该马上能够满足。

适度很重要，自恋就像炒菜用的盐，少了则淡而无味，多了便难以入口。千万别把自恋发挥到极致，那会成为一种病。

生活中最简单的爱的行为便是关心别人，尤其是当别人需要你帮助的时候。只要你在生活中多一份对他人的爱心，你的自恋症自然会减轻。

伟大的希望让你不与一切琐事计较

集中精力于实现伟大的、非个人的希望，不仅能使一个人承受住个人工作中的失败、或婚姻生活的不幸，而且也使他在误了火车或将雨伞掉在泥沼中时不再烦躁不安。

——罗素《努力与舍弃》

有着高尚理想和追求的人，没有时间像普通人一样浪费，他要以并不长的生命，完成许多一流的事。

他不能过凡夫俗子的生活，不能在人生的许多事情上，作平常人一样的反应，他必须放弃或减少凡俗的享乐和处理琐事的时间。他必须忍住不为小事所缠，能很快分辨出什么是无关的事项，然后马上丢掉它。假如一个人过于努力想把所有事都做好，他就不会把最重要的事做好。

每一个成才的人，心中都会拥有远大的目标，这样就会使自己不会太留意与之不相关的烦恼，不会与一般的不相关的小麻烦计较。而更多平凡人的问题则是太随意，精力和注意力都很分散，分不清轻重缓急。

最聪明的人是那些对无足轻重的事情无动于衷的人。但他们对那些比较重要的事务却总是做不到无动于衷。那些太专注于小事的人通常会变得对大事无能。抓住大事，小事自会照顾好自己。

许多人整天忙着处理琐碎的事情，总是抱怨挪不出时间做正经事。其实他们的潜意识在逃避做正经事。一个人对琐事的爱好越大，对大事的爱好就会越小，而非做不可的事越少，越少遭遇到真正问题，人们就越关心琐事。

因此有人说，明智的艺术就是清醒地知道该忽略什么的艺术。不要被不重要的人和事过多打搅，因为成功的秘诀就是抓住大事不放。

童年的快乐要孩子自己创造

童年的快乐，主要应该由他们通过自己的努力去创造，从自己生活的环境中去获得。那种一方面令人兴奋，一方面又不需要付出体力代价的娱乐活动，如看戏等，越少越好。从根本上说，这种兴奋犹如毒品，兴奋愈多，追求兴奋的欲望也愈强，但是，在兴奋期内身体的消极被动状态是违反人的本性的。

——罗素《幸福之路》

一团泥巴，大人往往嫌脏，而孩子却爱不释手。很多父母看见孩子玩泥巴，往往当场打断孩子并加以训斥。这些年轻的父母片面地认为泥巴弄脏了衣服和手，会给自己造成很大的麻烦，却不知儿童并不是单纯地玩泥巴，而是在认真完成一种工作。它可以让孩子发挥自己的兴趣，塑造出各种不同形状的小玩具。

孩子的这些工作有助于肌肉的协调和控制，有助于培养意志力和独立性，对意志的激发和抑制的能力就可得到发展。

如果孩子沉浸于自己的创造工作，他们就会学会“依靠自己”，从工作中获得乐趣，满足自己的欲望。他们还能在工作中学会尊重他人的工作权力及良好的规范。

古往今来，不少有成就的科学家、文学家、思想家的成功都是在小时候的兴趣爱好的基础上开始的。兴趣最好的老师。沿着这位“老师”指引的途径走去，也许可以寻找到自己独特的生命的乐园和事业的归宿。

因此当孩子严肃地做面前那件工作时，你千万不能认为那是毫无意义的。不要在孩子醉心于某事的时候打搅他。不要介入，直到他的注意力转移到别的事情上。然后，一定要为他刚刚完成一件出色的工作而赞扬他。

■培养孩子忍受寂寞的能力

忍受一种或多或少单调的生活的能力，是一种应在童年时代就培养起来的能力。现代的父母在这方面是有相当责任的，他们给孩子们提供了过多的消极的娱乐活动，如电影、精美的食品等。他们丝毫没有认识到，除了一些很少的例外，过一种日复一日的单调生活对于孩子的重要性。

——罗素《幸福之路》

成长的经历从来都伴随着痛苦和寂寞。忍受孤单和单调的生活，是成长所必须承受的痛。凡成就大业者都是能耐得住寂寞的，他们在寂寞、冷清、单调中扎扎实实做学问、在反反复复的冷静思索和数次实践中获得成就。

在追求成功和幸福的道路上，只有你一个人在孤独前行，没有鲜花，也没有掌声。然而，这份深刻的体验却是一种宝贵的储蓄，它能够让我们以积少成多的投入换取更为丰厚的回报。

一个长期的心理学跟踪试验表明，能耐住性子忍受单调和寂寞的孩子，到了青少年时期仍能等待忍耐，而不是急于求成。而那些被五光十色的感性的事物包围的孩子，更容易有固执、优柔寡断和压抑等个性表现，他们成年之后也往往会在压力面前屈服并逃避生活的挑战和磨难。

在孩子成长的过程中，学会忍受寂寞就是在拒绝诱惑，节制与人交往会使心灵平静。当对梦想的渴望更强烈，对成功的目标更坚定，忍受得了寂寞，就是在走向成功。过早地在诱惑面前束手就擒，只会让他们离身心健康和未来的成功更远。

太多的旅行，太多的形形色色的诱惑，对青少年并没有好处，因为这会使得他们长大以后缺少忍受寂寞生活的能力，而唯有寂寞才能使人有所创造，罗素如是说。

■好奇心源于求知欲

正当的好奇心源于真正的求知欲。

——罗素《教育的目的》

要给纯粹的好奇心留有充分的余地，没有十足的好奇心，许多最宝贵的知识就永远不会为人揭示。

对于涉世不久的孩子来说，身边的一切都是那么陌生、新鲜和神秘，在他的心中充满了探索、求知的欲望。这宝贵的好奇心正是智慧的火花，更是促使他学习的原动力。

一个富有好奇心的人能够保持旺盛的求知欲，在获得知识的过程中体验乐趣，这种乐趣又会激励他不知疲倦地去探究未知的领域，促进其智力的发展。

就像爱因斯坦所说的：兴趣是位风趣的老师，因为它把“学”与“玩”统一起来，寓学于玩，“玩”中求“乐”。兴趣是位热情的老师，它能诱发孩子更加喜欢学习，热爱学习。自己感兴趣的东西，人们总认为是最美好、最富有诗情画意的。

生活中很多家长认为，任凭孩子随着兴趣的引导，玩那些看上去毫无意义的东西，即使让孩子花上一两年时间他也不能增长多少知识。

其实错误并不在于孩子的兴趣，而在于家长能否进行正确的引导，引导他从中去获得新的知识、方法和对孩子有益的习惯。

大人的粗暴干涉会在很大程度上伤害了孩子，有可能使孩子失去探索周围事物的兴趣，失去强烈的求知欲望。

■教育为培养而不是压抑本能

教育主要在于本能的培养，而不是压抑本能。

——罗素《玩耍与想象》

自由是每个人与生俱来的基本权利，孩子只有在自由的气氛中才能将自我淋漓尽致地显现出来。家长的责任就是观察儿童的心智发展，从而帮助她发展，给孩子提供一个自由及开放的环境，在这种环境中来观察他们。

生命力的自发性受到压抑的孩子绝不会展现他们的本性，这样，家长就无法观察到孩子的实际情形。因此，必须以科学的方法来研究孩子，先要给孩子自由，促进他们自发性地表现自己，然后加以观察、研究。

让孩子学会辨别是非，知道什么是不应当的行为，耐心地辅导他们，这是维持纪律的基本原则。纪律的培养不能靠宣传和说教，也不能靠指责错误，而是在自然的活动中发展起来。

因此，真正的自由也包括思考和理解能力。她多次强调一个有纪律的人应当是主动的，在需要遵守规则时能自己控制自己，而不是靠屈服于别人。

自由是儿童可以不受任何人约束，不接受任何自上而下的命令或强制与压抑的情况，可以随心所欲地做自己喜爱的活动。

我们必须帮助幼儿发展他们的意志，借助激励的方式来完成自己选择的事情，但我们成人必须注意，不能以自己的意志来代替儿童的意志，而限制了他们自己的选择。

采取强制命令去束缚儿童将压抑儿童的个性，这是违反自由原则的，不是正确的教育方式。

教育的目的不是为了避免出错

科学教育所激发的态度可能比学习毫无变化的语言的态度更有建设性。如果教育的主要目标是避免出错，那么教育就会导致智力上的不足。

——罗素《建设》

对孩子来说，父母的帮助远不及他们犯些自然的错误那么有益。

人生是一所大学，生活本身是老师，他可以教你很多东西，但学习的过程却是漫长而艰辛的，或许终其一生也未必能真正领悟。明师传道，不过是由别人把自己的经验告诉你而已，你依据其教授的经验去做，找出所求的道。只有当人生经历过一定的情感变化、世事变迁、人情冷暖，才能体会出个中滋味。

天才是这样的人：敢作敢为，不怕失败。错误对天才来说只是一个过程，他要做的是把将来的事做得正确和完美。

培养孩子的改正错误的责任感是培养孩子拥有健全人格必不可少的一部分。这有助于孩子摆脱以自我为中心的习惯。教给孩子知错就改，对自己的行为负责，这能使他明白自己的言行会对别人产生什么样的影响，进而明白责任的完成与否对自己的将来有什么作用。

其实，责任包括很多方面，不仅仅是为自己的行为负责这一项，家长们要把握好分寸，让孩子多从自己身上寻找原因，不断地完善自己，学会为自己的错误买单。

■教育以培养爱心为目的

教育工作必须以爱为动力，以培养孩子的爱心为目的。否则，科学越发展，教育越有害。

——罗素《财富的崇拜》

在教育中注重爱心教育，这对促进学生的健康成长有着举足轻重的作用。

尽管人性本善，但善良的品性和爱心仍然需要外界的激发，才能成为一个人长久的稳定的心理特质。

教育者应当把学生的心灵当做一块肥沃的土地，应努力帮助他们除去心中的杂草，种植爱的幼苗。

我们不但要为学生营造一个被爱的氛围，还应该让他们学会如何去爱别人。只有在“爱”与“被爱”的双重影响下，学生的性格和品质才能得到全面的发展，从而拥有一个更加光明的未来。

只有懂得爱的人才会欣赏爱，理解爱。要对学生进行爱心教育，通过让他们亲身体验被爱的感觉从而学会付出爱是非常有效的一种做法。在教育中更加注重培养爱心，会让学生学会如何从爱别人得到快乐，让他们在这个充满爱的世界中健康快乐地成长。

不诚实总是恐惧的结果

实际中，不诚实几乎总是恐惧的结果。在毫无恐惧中成长的孩子会是诚实的，其原因不是由于道德教育，而是由于他还不知道不诚实这种做法。

——罗素《诚实》

对孩子的信用教育，往往是品格教育中十分关键但又很容易被忽略的一项。诚信无论对于树立孩子的品格还是对孩子在未来事业和生活上的发展都至关重要。事实上，很多父母自身对于信用也缺乏足够的理性认知和实践上的遵守。

说谎是为达到某种目的而故意编造与事实不符的情况来欺骗别人的行为。而孩子说谎往往并不是因为有意要欺骗父母，更多的原因是因为恐惧。

罗素曾经指出：孩子不诚实几乎总是恐惧的结果。说谎大多是因为孩子害怕自己做错事说实话之后，会遭到父母的打骂训斥而采取的自我保护行为。孩子年纪小不懂事，难免会犯很多错误。如果以往出现这种情况，父母的教育方式就是斥责打骂的话，那么孩子就会产生这样的心理阴影。当他们再次犯错的时候，便会编造一些虚假的语言来求得一时的安全。

遇到这样的情况，父母首先要反思自己的行为，仔细思考是否对孩子的错误行为处罚不当。当孩子主动说了实话后，应该马上表扬孩子的诚实，然后再妥善处理孩子的错误。

受到诚实教育的孩子大多能够开心地、坦然地生活，问心无愧地面对他人，面对社会和人生。所以，父母一定要注意自己的教育方式，以免起到相反的作用。

拓展思维和心灵的空间

现代高等教育的缺陷之一，是变得太侧重于某些技能的培训，而没有教会人们用客观的眼光去看待世界，以便极大地拓展人类思维和心灵的空间。

——罗素《广泛的兴趣》

懵懂中我们就开始与书本与知识打交道，为了大人们眼中所谓的美好而不断努力，希望能顺利地敲开象牙塔的大门，成为名副其实的天之骄子。寒窗数十载，为的其实是一张证明学历的文凭，因为从某种意义上说，好的文凭就是幸福的敲门砖。

但事实上，一张文凭只能代表你具有一定的知识和能力，并不能证明你是否拥有完整而博爱的心灵。正确的教育在于唤醒自我的自由与智慧，培养一种完整的生活，唯有这种教育才能创造出一种新的文化和一个和平的世界，才能带来与人们的真正合作。

一所在名利上成功的学校，通常不是一所真正意义上的教育中心。一所广大、兴盛、热闹的学府，将千百个人聚集在一起受教育，这个学府可能制造出CEO、银行职员、销售员、企业家、政治家、各种委员，或一些在技术上胜任的能人。

然而，我们需要的只是完整的个人，这只需要一个小小的学校就足以造就这种完整的个人。也就是说，学校的优劣不在于大或小，而在于正确的教育。

真正的学校除了提供基本的生活知识和技术训练外，尤其应该鼓励学生对生活有一个完整的看法，帮助我们去体验生活的完整过程。光有理论的学习而没有内心的体验，则只会导致肤浅的、片面的纸上谈兵。学校的教育要让学生能够思考，不是指顽固不变、死守理论、生搬硬套、死记硬背的思考，而是直接地、真实地思考和体验。

真正的教育，不会用以任何教条和权威，将个人的特性加以限制，而是会有助于每个人在自由和爱中绽放。

■被爱是教育唯一的进步之路

教育和其他的人类事务一样，只有一条进步的道路：被爱。没有科学的爱是无能为力的；没有爱的科学是破坏性的。凡是教师缺乏爱的地方，无论品格还是智慧都不能充分地或自由地发展；这种爱主要地在于感觉儿童是一种目的。

——罗素《幼儿园》

教育，首先应该是充满爱的教育。假如一位老师的教育目的只是向他的学生传授知识的话，那么这样的教育是不完整的。

师生之间的关系和感情，不应该只凭功利性地教学而维系，老师在学生面前真正的威信和尊严，恰恰是因为有着一颗对学生的真挚的爱心。

一个好老师，最重要的就是拥有一颗爱学生的心。只有爱心可以唤醒爱心，只有爱心可以滋润学生的心。尽管爱心不能取代教授知识的教育，但离开了爱心，教育便不能自由健康地发展。

教师要具有无限的爱心，因为情感是人格力量的基础。热爱学生，尊重学生，是一名教师在学生心中具有道德威信的根本保证。

没有爱的教育，就好比池塘里没有水，一切都将失去生气。教师只有以真挚的感情去关爱学生，才会激发学生努力求学的力量，受到学生的敬爱。

爱是甘泉，可以灌溉学生的生命之树；爱是春风，可以吹散学生心中的荒漠。用爱去感染学生、教育学生，就会让师生之间相处更融洽，教学更顺利，让每一位学生都能在爱的沐浴下追求真知，完善自我。

■文学涵养人的底蕴

欣赏《哈姆雷特》在实际生活中并无用处，除非碰巧某人要杀死他的叔叔。但它却使人在精神上感到充实，舍此将会感到遗憾。

——罗素《现代教育理论的基本原理》

罗素曾非常感慨地说，在过去，美好的文学知识在受过教育的人当中很普及，可是今天只有少数几个教授才对此通晓。所有高雅的娱乐都被抛弃了。

在当代社会，人们似乎越来越看重能够直接带来经济效益的知识技能，而对于哲学、文艺、美学等在内的人文知识，则认为是可有可无的东西。然而事实上，这方面的知识对滋养人的心田、陶冶情感、激发灵感，大有好处。

培根曾说过："历史使人聪明，诗歌使人富于想象，数学使人精确，自然科学使人深刻，伦理使人庄重，逻辑和修辞学使人善辩。"

学习这些看似"无用"的知识，假以时日，逐步积累，在关键时刻，就会发挥作用，正所谓"无用之用方为大用"。

知识爆炸的年代需要我们每个人学习的东西越来越多，社会知识量的急剧增长也要求我们多读书、多学习，在阅读中把握人生的航向。读书，可以让我们了解世界，看清自己的未来。通过读书，我们更能正确地把握人生的航向。也许每一个人所需要的书不一样，但人们在阅读中受到的知识的熏陶是一样的。读书不一定能改变人生的长度，但它一定可以改变我们对待生命的态度。

引导欲望的冲动

意志抵制诱惑

意志，作为一种主导力量，主要在于顺着愿望，追求较远的目标，即使涉及的行动要引起痛苦，并且要受到不合适的但较近的愿望与冲动的诱惑。

——罗素《生长的原理》

精神上的力量与意志力，每个人在个人不同的人生经历中会总结出不同的经验或得出不同的解释。

培养精神上的意志力就是培养一种敢于挑战极限、挑战自我的勇气、为了高尚的理想甘心自我牺牲的勇气和保持绝对的客观的勇气。

每一个生活在社会上的年轻人，在其一生中要经历各种各样的磨难。从小时候磕磕碰碰的走路，到少年时的求学经历，再到青年时的求职经历，每个人的一生都不可能是一帆风顺的，在每一个转折点或者是在全程中，我们都需要精神上的力量与意志力，来陪我们经历这些困难，给我们以勇气和力量来向极限挑战。

意志力强的人可以更好地适应并对抗失败的打击和种种不良的诱惑，他们能够化解消除困难带来的阻碍，并增强信心，用积极的心态促进目标的实现。

成功的关键，就在于我们能否凭着我们的意志，凭着我们的毅力，运用我们的知识、我们的原创力将之融入我们的生命，使之转化成为我们的智慧，使之转化成为我们的力量。

■维持温饱，所需其实很少

动物只要不患疾病，食物充足，就会快乐满足。人也应该如此；然而现实并非这样，至少在大多数情况下并非这样。

——罗素《幸福之路》

罗素认为，对自己的收入是否满足，这取决于一个人的生活标准。如果你向来具有俭朴的生活习惯，那么你便不需要太多收入；但如果你热衷于富有奢华的生活，就必须得到很多财富才能获得满足感，否则的话，你将会过得非常痛苦。

我们想要维持温饱，所需其实很少，正是由于过度的欲望导致了不宁静的生活。所谓欲壑难填，人类欲望的空间永远也不能填满。因为人的贪欲是无穷无尽的，所以人为欲望所苦，也就感觉到不快乐。世界上的物质太丰富了，无论我们怎么追求，也不可能拥有全部。

然而，我们终其一生去追求物质、金钱、地位、声望、快感等各种各样的享受，所以不断地产生焦虑、恐惧、怨恨等种种情绪。我们的心就是在这样的情绪中挣扎。只要欲望之火还在熊熊燃烧，我们的心智就会被炽热的烈火由外至内地炙烤。

不满足的欲望就像离离原上草，野火烧不尽，春风吹又生。实现一个欲望，下一个欲望又会接踵而至。欲望实现不了的时候便产生了痛苦，而欲望一旦得到满足很快就又有了新的更进一步的追求。所以总是不满足，就总是会有痛苦。

其实作为小小的个体，我们根本不需要拥有那么多的物质享受，因为它们既不能带来永恒的快乐，更不能带来生命的智慧。快乐和幸福都是建立在满足之上的。

懂得知足常乐，我们就能够在烦躁与喧嚣中，过滤掉不满足的躁动和焦虑，获得一份宁静而从容的智慧。

■享受自己的快乐而不要攀比

当任何快乐的事情发生时，都应该去尽情地享受，不要停下来想：同别人可能会碰到的事情比较起来，自己的事情并不怎么叫人快乐。

——罗素《幸福之路》

我们本来拥有一份舒心的工作，可是每当看到别人的工作更好，工资更高的时候，我们就会埋怨自己的工作低微；我们住进了一套惬意的新居，可是又看到了别人的豪华别墅，我们便又嫌弃自己的小屋狭窄寒碜……

每当我们做着这样的比较时，就会失掉原来幸福的感觉，开始产生种种烦躁、焦虑和嫉妒的情绪。这使我们不能安心工作，更不能好好地享受生活。

盲目地比较是一种毁掉我们快乐的暴力。当心灵变得愈来愈爱比较、愈来愈爱占有、愈来愈爱依赖时，我们就创造出一个模式而深陷其中，总觉得别人过得要比我们幸福。如果不消除这些无谓的比较，我们的生活就会因为缺乏新鲜感而变得压抑，在这种状态下的生活是不会有爱与幸福的。

事实上，我们所拥有的并不少，而仅仅因为欲望太多就使自己不满足，甚至憎恨别人所拥有的一切。生活的差别无处不在，而盲目攀比却让我们的心灵失去平衡。

人往往就是这样，很多烦恼都是因欲望的强烈和错误的攀比而徒生出来的。真正的幸福需要通过我们全心全意地融入到当下快乐的事实，做到知足常乐、适可而止，这样才能够有一份平和的心境，让自己的生活充满幸福和快乐。

自己富足就不会嫉妒别人

一个在婚姻或子女抚养方面较为幸福的人，是不怎么会因为别人更富裕、事业更成功而去忌妒的；只要他自己有足够的钱，能够以自己的方式抚养孩子，他就再无所求。人类幸福的本质是很简单的，简单到连那些老于世故的人，都不得不承认自己所缺少的是什么。

——罗素《幸福之路》

有的人之所以嫉妒别人，一个重要的原因是自己不求上进，又怕别人超过自己，似乎别人成功了就意味着自己失败，最好大家都成矮子才显出自己高大。这是一种十分有害的心灵腐蚀剂，于人于己，都是没有益处的。

在现实生活中，嫉妒是一种极端狭隘的病态心理，它造成人际关系间的障碍。它会使人怀着仇恨的心理和愤怒的眼光去估量他人的成功，同时自己的内心又得不到任何的宁静与安全。

我们要学会适时降伏嫉妒，保持一颗清凉心。别人有所成就，我们不要心存嫉妒，应该平静地看待别人所取得的成功，这是拥有幸福人生的秘诀。否则，只会让自己在别人成功的喜悦中沮丧、气愤，甚至加害于别人，而最终丢失掉一些宝贵的东西。

人生失意无南北，宫殿里也会有悲恸，茅屋里同样也会有笑声。那些老认为自己太差的人，他们心灵的空间挤满了太多的负累，从而无法欣赏自己真正拥有的东西。

我们根本没必要将自己的眼光一直投放到别人的生活上，也不必对自己太苛求。每个人都有令人羡慕的东西，也有自己缺憾的东西，没有人能拥有世界的全部，重要的在于自己内心的感觉。

多关注一下自己，欣赏一下自己人生的富足，我们就会真的体会到生活的快意。

所以，要懂得欣赏自己的生活，让自己活得随心所欲。你能改变什么让自己感到愉快，那就做一些改变。不勉强自己，即使在生活中犯了错误，也要学会原谅自己。

服从能产生安全感

服从神的意志会产生一种无与伦比的安全感，这种感觉曾使许多不服从任何尘世之人的君王对宗教表示谦卑。服从源于恐惧，无论我们所服从的领袖是人还是神。

——罗素《领袖与追随者》

只要是社会政治、人类关系紊乱的地方，就有独裁者、统治者出现。只要我们生活紊乱、内心感到恐惧，我们就会自发地创造出权威和神。服从他们的意志似乎能够令我们有安全感，因此大多数人才会心甘情愿地接受这种实质上的奴役。

我们往往习惯于听从权威的话，认为服从某个权威，就能得到心灵的解脱。我们希望通过另一个神来帮助自己得到永恒的快乐，但是很少考虑过神的意志背后，会有着怎样的真相。

服从带给我们更大的影响不是安全感，而是一颗被束缚的心，这使得我们总是胆战心惊地过着别人给我们制定的模式化的生活。

现实生活中，我们很少有打破权威的勇气，因为这需要极大的勇气和智慧。

但如果我们总是茫然地服从，那么就相当于臣服于暴力的统治。我们应该停止内心的战争，让自己心中充满爱，正视事情的真相，摆脱某些思想、观念的强制束缚。

必须明白，我们对权威的追随和服从，是对自己领悟的拒绝。因为自我的领悟需要有无上的自由。只有在这自由里面，我们才能够找到真正的自己，发现自己所具有的潜力；只有在这自由里面，我们才会获得真正的爱，才能够明确生活的方向。

机会比安稳更让人活力充沛

要使人的活力充沛，所需要的是机会而不是安稳。安稳只不过是恐惧的避难所；机会才是希望的来源。

——罗素《财富的崇拜》

人的生命是美丽的，如果把这美丽看做粉面桃花，那它也只能算是生命之树上一朵不结果的花。实际上，人生的美丽有更丰富、更深刻的内涵，那就是一个人内在的进取心，这才是使人的生命获得永恒之美的根本。

正是进取心这种永不停息的自我推动力，激励着我们朝着自己的目标前进。这是神秘的宇宙力量在我们身上体现，为了获得和满足这种力量，我们甚至愿意放弃舒适乃至牺牲自我。我们每个人都感到，需要这种激励，它是我们人生的支柱。

一旦我们有幸受这种伟大推动力的引导和驱使，我们就会成长、开花、结果。进取心带来的激励也存在于我们体内，它推动我们完善自我，追求完美的人生。但如果我们无视这种力量的存在，或者只是偶尔接受这种力量的引导，就只能使自己变得微不足道，不会取得任何成果。

平庸的人对待工作缺乏热情，敷衍应付，得过且过，做一天和尚撞一天钟。他们没有理想，没有追求，对生活也没有憧憬。他们的人生无疑是安稳而又乏味无趣的。只有有着强烈上进心的人，才会像被磁化的指针那样显示出矢志不移的精神力量，展示他生命中阳光的一面。

进取心是激发人们与命运抗争的力量，是完成崇高使命和创造伟大成就的动力。这种永不停息的自我推动力，激励着人们向自己的目标前进，与命运搏击，活出最精彩的自我。

盲目的勇敢是愚蠢的

如果一个人不了解所面临的危险，那他很容易做出勇敢行为，但这种勇气是很愚蠢的。我们不能认为这种源于无知和健忘的行为是令人满意的。那种在完全意识和了解到自己的危险而产生勇敢行为的人才是我们想培养的。

——罗素《教育的目的》

勇敢本身包括了审时度势，避免不必要牺牲的要求。勇气常常是盲目的，因为忽视了隐伏在暗中的危险与困难。有勇无谋，不懂得量力而行的人是极为愚蠢的。

真正的勇敢不仅仅是指赤手空拳与虎搏斗的鲁莽行为；也不仅仅是指天不怕，地不怕，不计胜败，敢于拼命的行为。它不是不顾一切地冒险，而是智仁勇的统一，既反对见义不为，也反对鲁莽盲动。

真正的勇敢是坚持道义而无所畏惧，不屈服于权势，不为利诱动心，不为死亡威胁动摇。

盲目的勇敢是愚蠢的，正因为看不清自己的选择和所面临的危险，所以才会产生所谓的勇敢的力量。

勇气不利于思考，但对于实际行动却有一定帮助。因为在思考时必须提前预想到可能出现的种种问题，而在付诸行动时不需要这一点。因此，有勇有谋的人可以成为伟大的领导者，而有勇无谋的人却只能做他们的执行人。

当权力欲成为人的部分品质

对某种形式的权力欲，当它成为某些人的部分品质时，应该加以承认，因为这些人能建立一个更为美好的社会。

——罗素《努力与舍弃》

在这个世界上，只有强者才能掌握自己的命运。当适度的权力欲成为一个人的美好品质时，他就会以一种永不屈服的斗志昂扬的精神和毅力，克服种种困难，拥有自由，延展生命。

做一个强者，首先是做一个精神上的强者，一个坚忍不拔、威武不屈的人，要有不被眼前的困境所胁迫或者吓倒的气度，因为在这个世界上，其实并不存在人无法克服的艰难和困苦，一个人在面临绝境行将没顶时，在气喘吁吁甚至筋疲力尽时，只要再坚持一下，奋力拼搏一下，困难就会被征服。

一个人的心界随着一个人的眼界的拓展而拓展，眼界小者和眼界大者所追求的境界也逐渐不同。当一个人把自己的心界扩展到无限远时，即庄子所说的“天地与我并生，万物与我其一”的时候，他就会把追逐道的境界当做自己的追求。

尽管命运将我们推向了时代的巅峰，但是我们要找到属于我们自己的精彩。种下一颗梦想的种子，用坚韧给它浇水，用乐观给它施肥。人生还没有走到终点，即使一个小小的努力，一点点的坚韧，也能让梦想轻舞飞扬。

如果一个人不把自己的胸怀扩大到极致，那他的人生将很难有所成就。我们能走多远，人生能取得什么样的成就，关键就在于我们的人生境界，或者说是心界决定我们的视界。

权力只是一件虚伪的外套

没有人是全能的，一个被权力欲所彻底攫住的人，迟早总会碰到那些无法逾越的障碍。只有某种形式的疯狂才会阻止这种认识深入人的头脑，就像一个人权力足够大时，他可以把向他指出这一点的人监禁起来或者处以极刑。

——罗素《努力与舍弃》

权力，纯粹是一种约定俗成的价值。严格地说，它只是一件虚伪的外套，目的在于索取人为的尊敬，而有关身份的所有事情根本就是一场闹剧。

在许多人眼里，权力象征着一切，拥有了权力，也就拥有了金钱，也就拥有了幸福与自由。对权力的爱，就像虚荣心一样，是正常人性的一个强有力的因素，因此是可以接受的。只是在它过度膨胀或是与不充分的现实感相联系时，它才变得令人惋惜。

那些野心勃勃却不能施展抱负的人，整天心急如焚，寻找着出人头地的机会。他们认为自己生不逢时，所以就会想方设法地制造机会，甚至盼望着国内外发生战争或冲突，想趁乱世大展雄才，以此吸引人们的目光。

在现实生活中，平民百姓往往比拼命向上爬的官员更幸福，尤其是那些贪赃枉法的官吏更是担惊受怕，提心吊胆，哪里谈得上什么幸福。权力越大责任就越大，责任越大压力就越大，压力越大就越难快乐。

一句话，幸福并不等于权力。就像罗素所指出的，当权力被保持在一定限度之内时，可以极大地促进幸福感，但如果我们将它当做生活追求的唯一目的，那将会给我们自身及外部世界带来灾难。

创造性的工作更能满足权力欲

建设与破坏同样都能使权力欲得到满足，但是通常建设更困难一些，因此建设成就大的人能获得更大的满足。

——罗素《建设》

创新作为一种最灵动的精神活动，最忌讳的就是呆板和教条，任何形式的清规戒律都会束缚其手脚，使其无法大展所长，只有敢于打破常规，看似“无厘头”的人，往往能独辟蹊径，取得成功。

天才大都是能够自创法则的人。随着时代的发展，尤其是网络的普及，在如今瞬息万变的现代社会中，传统和经验的意义已经远远没有过去那么重要了，时代更加突出了创新的意义，创新重于经验。

创新的目的是适应客观世界的发展和变化。不论人们承认与否，认识与否，这种变化总是要出现，总是要进行的。由于人们的观念是对客观世界的反映，由于客观世界是不断发展变化的，因此，创新观念是对客观变化的一种能动反映和反作用。

创新是对未来的创造，着眼于预见客观世界发展变化的未来趋势。创新的落脚点是观念与世界变化的吻合。世界是一个变化的过程，人们为了能够适应世界的变化，就要不断变化。所以，创新是一个动态的过程，这个动态过程既来源于客观世界的变化，也要用客观世界的变化及其规律来检验其正确性。

创新的内涵，应当归纳于创新来源于客观世界的变化，是人类主动适应客观世界变化的体现。创新的目的是人类为了主动适应未来世界的变化。

冲动也是科学与艺术的来源

盲目的冲动有时引导到毁灭和死亡，但有时也可以引导到世界上最好的事情。盲目的冲动是战争的来源；但也是科学、艺术和爱的来源。

——罗素《生长的原理》

提起冲动，我们首先会想到这是一个可怕的词语。盲目的一时冲动会给我们自身和他人，甚至整个社会带来不幸和毁灭。但是从另一方面来讲，冲动恰恰是最伟大的科学成果与艺术作品的来源。

冲动，就是一种由心底迸发出的激情。一个人对于生活没有激情，他的生活将是枯燥而无趣的；对于工作没有激情，他的工作将是没有效率的。激情会为自己带来力量，也会感染别人，它神奇的效果就在于激发我们追求自己强项的活力。

在这种冲动的支配下，很多奇迹诞生了。人类历史上每一个伟大而不同凡响的时刻，都可以说是冲动造就的。这是最有效的工作方式，只有那些具有极高心智并对自己的工作有真正热情的工作者，才有可能创造出人类最优秀的成果。

美国政治家亨利·克莱曾经说："遇到重要的事情，我不知道别人会有什么反应，但我每次都会全身心地投入其中，根本不会去注意身外的世界。那一时刻，时间、环境、周围的人，我都感觉不到他们的存在。"

冲动会产生一种特别的专注，这种专注对于我们实现梦想来说非常重要。它可以让我们的欲望进入潜意识中，使我们无论清醒或是昏睡，都能集中自己的心志，具有获得成功的坚强意志，让我们释放出潜意识的巨大力量。

像流星那样一闪而过的冲动，并不只是我们生活的点缀，那些能带领我们走进成功的热情，会像太阳一样发出恒久的光和热。

只有热情能控制热情

凡想做正确思考的人，一定要把他们这种愿望化为热情，才能用这种热情来控制战争的热情，因为只有热情能控制热情，也只有一个相反的冲动或愿望才能遏制另一个冲动。

——罗素《生长的原理》

成功的基础是强烈的愿望，而愿望的实现就是要有足够的热情，来投身于你所从事的事业。我们要不断地想，不断地去思考，不断的努力，就能将在头脑中"看得见"理想实现为现实，对生活倾注热情，最终一定能取得成功。

总要想取得成功，不仅仅是一而再，再而三地产生某种强烈愿望，希望这样或是希望那样，而是在大脑中反复进行模拟实验，心中推演种种迈向成功的过程，而这一过程是漫长艰难的，期间有失败也有成功。

在生活中，无论我们从事何种职业，无论伟人还是平凡者，都会遇到各式的挫折与坎坷，面对生活的不如意，有的人被打倒，有的人却把挫折当成垫脚石，当做是对自己的考验，保持积极的态度，不断前进，扎扎实实做好本职工作，在平凡的工作中燃烧激情，最终在自己的人生道路留下光辉一页。

正是对工作废寝忘食的热爱与热情，才有了许多伟大人物对人类的伟大贡献。热情是世界上最大的财富。

要取得胜利就要坚持不懈地努力，饱尝了许多次的失败之后才能成功。面对失败的考验，或是成功的喜悦，需要我们始终保持热情的态度，给自己希望，相信热情是成功之钥。

不求占有只求创造

不为占有只求创造的生活——包含一种根本性的幸福，任何不利的环境都不能完全将它夺走。这些是世界上所有伟大先哲所提倡的生活方式。那些找到了这种生活方式的人不再惧怕任何东西，因为他们在生活中最看重的事情并不受制于任何外在力量。

——罗素《理想的世界》

创造性的生活方式，对于有着强烈事业心的人来说，是一种根本性的幸福。

这是一种强烈的欲望和决心。要想成就一番大事业就要有强烈的企图心，强烈要求自己成功。只要你下定决心，你就会为这个决心负责，为这个决心而全力以赴。

一个人的智商可以测量，速度可以测量，一座楼的高度可以测量。但追逐事业巅峰的欲望却无法测量，它可以给人带来精神上的不竭动力和创造力。只要你执著于这种欲望，你就会拥有你想拥有的，成为你想成为的——而且你心里也认为它是对的。

当人强烈渴望得到某个事物时，他便会求助于意志和智慧的潜在力量。这些力量在欲望的推动和刺激下会表现出不同寻常的力量，以实现欲望。

创造性精神在现代社会中所体现出来的最重要的要素是：开创精神、冒险精神、拼搏精神和牺牲精神。开创精神领导大家开拓新的市场，拓展新的业务领域，迈向新的发展层面；冒险精神，挑战新的困难，迎接新的机遇；拼搏精神，和大家一起不屈不挠、废寝忘食地进行调查研究、讨论分析，寻找企业发展的新机遇；牺牲精神，在得当管理、有效领导的基础之上给人才以铺垫，为企业的未来思索良方……

拥有创造性精神的人，将会由内而外迸发出强烈的冲动，而这正是一切人类优秀而伟大的文明成果产生的根本性因素。

最渴望权力者最可能获得权力

广义地说，最渴望权力之人就是最可能获得权力之人。

——罗素《权力论》

一个人能取得多大的成功，不是取决于一个人才能的高低，而是取决于他有多高层次的需要。有些人由于长期没有得到低层次需要的满足，可能会永久地失去对高层次需要的追求。

在同样的一个社会，一些人成就大业，一些人取得小成功，一些人一蹶不振。不少人为了一个远大的目标，能经受长年累月的奋斗考验，作长期的努力，也有不少人虽向往成功，却经受不起几次挫折便向困难投降。

一匹小马达，也许可以带动一辆小拖车，但绝对带动不了一列火车。你想成就大业，就必须了解你内心世界能推动你前进的动力是什么，有多大。

然而，从成功的大小来说，高层次的需要推动大成功，低层次的需要推动小成功。欲望的力量是惊人的，只要你用强大的欲望之力去推动你成功的车轮，你就可以平步青云，攀上成功之岭，改变生活的一切。

如果把世界上类似的奇迹都倒退回它们刚刚开始出现的那种状态，我们就会惊奇地发现：一切都是从似乎“不可能”开始的。穿过开始和结局之间那个充满了拼搏奋斗、挫折失败和一个个小成功的漫长过程，我们所发现的这句凡人格言总是会得到证明：欲望可以改变一切。

在你的头脑中也有自我实现的钥匙，在你的身边埋藏着无数个愿望。把它们发掘出来加以培养，转化成强烈的欲望，这是打开成功之门的另一把钥匙。

摒弃安逸的生活

不要嫉妒那些在蠢人的天堂里享受幸福的人，因为只有蠢人才以为那是幸福。我们有力的道德就是通过奋斗取得物质上的成功；这种道德既适用于国家，也适用于个人。

——罗素《幸福的根源》

一个人，唯有在充实的生活里，生命才有意义。人，就像一台机器，长久不用就会生锈；而一个人不去工作，心志就会消沉，意志力也会磨损，久而久之就会变得衰弱不堪。

一个人只有在实实在在的日常生活事务中，才能实现安身立命的目的。对于任何人而言，唯有真实充实的工作才是实现人生价值的最根本途径。不管他从事的是什么行业，是叱咤风云的商界巨子，或者是举世瞩目的政治英才，是学界教育的名宿，是建筑师，是园艺人，是农夫，是渔人，是画家、音乐家、医生、志愿者、筑路工人，抑或不起眼的一名小职员……工作都是他们安身立命的根本所在，可以说，没有工作，一个人将一无所成，生命将毫无光彩。唯有在工作中，生命才能安住。

生活中有两类人：一类是躺着过日子，一类是站着干工作。躺着过日子的人，感到身体舒服，可宝贵的生命在舒服之中失去了光泽，做人的精神在舒服之中消磨了锐气；站着干工作的人，付出代价，而生命在付出中换来了辉煌，精神在付出中换来了不朽。

现实中，有人把工作当成毕生的事业，有人把工作的成绩当成人生的乐趣，但也有人把工作看成赚钱的机器。以什么心态来生活，以何种效率来工作，是至关重要的问题。

■建设性地工作更有乐趣

使工作变得有趣的因素主要有两个：一是技能的运用，二是创造性。那些从建设中寻找到的乐趣，比那些从破坏中找到的乐趣，要更为浓厚持久，因为一旦内心充满了仇恨，你就不能像别人一样在创造中轻而易举地获得快乐。

——罗素《工作》

创新就是不满足人类已有的知识经验，就是努力探索客观世界中尚未被认识的事物规律，从而为人们的实践活动开辟新的领域，打开新局面。

创造性的乐趣就在于，尽管我们不是像爱因斯坦一样的天才科学家，但我们依然可以在思考新的富于独创性的事物中找到一种快乐感，并依据我们的想法而让事情变得更好。

任何成就都不是靠着模仿和抄袭所能够达到的，只有在自己创造的过程中找到最好最适合自己的方法，才能在工作中不断地得到惊喜，体会到创造的乐趣。

人的可贵之处在于具有创新能力。一个有所作为的人只有通过创新，才能做出贡献，才能体会到人生的真正价值和真正幸福。创新能力在实践中的成功，更可以使人享受到人生的最大幸福，并激励人们以更大的热情去积极从事创新，使我们的事业获得更加巨大的成功，实现更大的人生价值。

创新已经不再是科学家、发明家的专利，它已经深入到普通人的生活中，任何一个人都完全可以进行创新性的活动，都可以在生活、工作的各个方面迸发出创新的火花。

一个人若想改变当前的境遇，必须不断创新。只有锐意创新，成功才会降临。

追问社会的困惑

不公平带来创新的努力与快乐

如果一些人同样地不快乐，正如一些人同样地快乐，可以说公平达到了。公平，凭它本身来说，一旦实现，就不含有新生命的来源。

——罗素《财富的崇拜》

公平是一个受主观性影响很大的概念。在一些人看来，平均主义较为公平，而另一些人，尤其是那些付出更多的人，则会觉得按贡献来划分利益更公平。人人都有利己倾向，总是对自己的投入估计过高，对别人的投入估计过低。所以说，世上没有绝对的公平，公平永远是相对的。

我们都希望我们所处的环境可以让所有人都感到公平，但却没有想过，假如所有人都能得奖，那么这会让每个人都变得平庸。社会中每个人都追求自己的最大利益，相信共同的自由和共同的利益。而正是这共同所有的东西，把所有人都带向了毁灭。

在现代社会中，我们的工作积极性不仅与个人实际报酬的多少有关，而且与我们对报酬的分配是否感到公平更为密切。我们总会自觉或不自觉地将自己付出的劳动代价及其所得到的报酬与他人进行比较，并对是否公平做出判断。

一个人不仅关心自己所得所失本身，而且还关心与别人所得所失的关系。他们是以相对付出和相对报酬全面衡量自己的得失。如果得失比例和他人相比大致相当时，就会心理平静，认为公平合理，从而心情舒畅。

集体成员的行为是与他们所得到的利益直接挂钩的。一般来说，某个成员从集体行动中得到的利益比其他成员所获利益越大，他对集体行动作贡献的积极性也就越大。因此罗素认为，所有人一样快乐和所有人一样不快乐的结果是相同的，如果达到完全公平，那么我们的生活将失去很多激励和兴奋，失去不断奋斗的动力。

不同的人群有着各自的烦恼

虽然不幸的形式多种多样，但你却不难发现，它无处不在。上班时间立于繁忙街头，周末闲暇盘桓通行大道，或者良宵时光流连于歌堂舞厅。这时，把自我从灵魂处放空，让周围的陌生人的性情占据你的视野。你将会发现，这些不同的群体都有着各自的烦恼。

——罗素《拜伦式不幸》

在这个世界上，一个人可能没有各种各样的权利，但每个人都有追求幸福的权利，每个人也都有幸福的可能，只要你愿意。幸福离你并不遥远，只要你能够顺应本性去生活，少一些机巧之心，多一些安逸自由，你就是幸福的。

事实上，每个人都有各自的不幸，甚至，每个人都觉得别人拥有的比自己的更多更好。很多人处心积虑地追求幸福，结果往往追逐了一辈子，还是没有找到幸福的所在。人性的一个弱点，便是总觉得他人手中的比自己的好，别人那样才是幸福，因此要努力追求像别人那样。

幸福没有特权，每个人都能够获得幸福，幸福不在万物之中，它存在于你看待万物的自身态度之中。如果你接受幸福的态度不正确，即使置身于幸福的环境中，你也会离幸福越来越遥远。如果只看到别人外在的幸福，就轻率地判断别人超越了自己的幸福，那么幸福将毫不犹豫地离你而去，很多人感觉不到幸福的原因正是在于盲目地悲叹自己的处境。我们觉得不幸，不是因为自己住的是单间房，而是不满意、看不惯租房过日子的自己。

幸福和不幸在于自己的心态，也就是怎样看待现在的自己。幸福人生就是我们原生态的生存现状，把痛苦和不幸的标准放在别人的身上，并不能使我们快乐。

上天对每个人都是平等的，世上的每个人，只要愿意，不必舍近求远，就能获得幸福。

不幸只源于错误的选择

不幸在很大程度上是由于对世界的错误看法、错误的伦理观、错误的生活习惯所引起的。其结果导致了对那些可能获得的事物的天然热情和追求欲望的丧失，而这些事物，乃是所有幸福——不管是人类的还是动物的——所最终依赖的东西。

——罗素《幸福之路》

一个人是否有正确的价值观和人生观，是否具有积极主动的人生态度，决定了这个人能否获得真正的幸福。

幸福就在窗外，它就像一股新鲜的空气，只要你打开窗户，就能感觉到它。这是对幸福的选择。没有人愿意拒绝幸福，有的只是错误的选择。

错误的价值观和人生观，会让我们贪图安逸、消磨意志、态度消极，逐渐变得庸俗、懒散而又悲观。即使转变想法和态度，就可以获得生活的智慧和快乐。

错误的价值取向会产生消极的思想并导致消极的行动，最终将会得到消极的后果。一个人如果对世界对人生产生了错误的理解，就会是非不分、善恶难辨，容易被社会中的错误观点所迷惑，以至于逐渐迷失了自己的发展的方向。

当你执著于痛苦时，痛苦就必然占据你的整个心灵，而这实际上恰好是放弃了选择幸福的机会。

幸福是一种满足，是心灵的安宁。希望我们都能展开双臂，打开那扇正确的窗户，让幸福如清风一样沐浴温暖着自己。

理想同现实结合才能结出果实

只有同这个世界结合起来，我们的理想才能结出果实；脱离这个世界，理想就不结果实。

——罗素《悠闲颂》

工作中，许多人常咬紧“青山”不放松，永不言放弃，却只能头破血流、两败俱伤。变一回视线，换一次角度，找一下方法，将会“柳暗花明又一村”。

大多数情况下，正确的方法比坚持的态度更有效、更重要。坚持固然是一种良好的品性，但在有些事上过度的坚持，反而会导致更大的浪费。

成功固然需要执著，但当执著没有效果的时候，就应该转换思维寻找解决的方法。工作中，有些问题的确非常棘手，想了许多办法，仍无法解决。于是有人便认为“已是极限”，或是“已经尽力”，再去努力也是白搭。当你真正经过一番努力奋斗后，你就知道所谓“难”，其实只是自己的“心灵桎梏”。只要不断努力，开发的潜能就会越来越大。努力不够，你当然不知道自己的潜能到底有多大。遇到问题，你是否始终坚定不移地相信会有更好的方法出现，在很大程度上取决于你是否有一种良好的心态，不要执著于顽固的思想中不知变通。想办法是想到办法的前提。如果让大脑放假，就算是天才，面对问题也会一筹莫展。所以，办法是在想的过程中产生的，它不会凭空而出。

如果我们也想成为卓越的人，取得人生的辉煌事业，就请行动起来，运用智慧向前进路上的一个个困难挑战吧！

信仰是人们心中的绿洲

今天我们正在经历一个混乱时期，许多人抛弃了旧的准则，却还没有获得新的准则。这给他们带来了许多麻烦。由于潜意识中他们仍然信奉旧的准则，所以当这些麻烦到来时，便产生了绝望、悔恨和愤世嫉俗的心理。

——罗素《负罪感》

罗素所说的新旧准则交替的混乱时期，也就是一个时代信仰危机的时期。正确的崇高的信仰会产生积极的思想进而产生积极的行动，并能够得到积极的结果。但是当旧的信仰已经被打破，而新的信仰和价值体系尚未建立的时候，这就会带来许多社会问题。

一个人如果缺乏正确的信仰，就失去了努力的方向和前进动力；一代人如果缺乏正确的信仰，将最终导致社会矛盾激化，社会问题百出；一个民族如果缺乏正确的信仰，就没有凝聚力和向心力，将会成为一个没有希望的民族。

社会大转型的关键时期，往往也是信仰混乱的时期，人们心中的巨大的信念支柱坍塌了，一旦没有了精神力量的支撑，人们的一切活动都将失去动力和约束。各种社会矛盾和问题相互交织，社会负面现象的消极影响，使得人们精神荒漠化问题日益突出。

信仰是驱散黑暗，讴歌曙光的鸟儿，是人们心中的绿洲。当我们处于一个没有信仰的时代，我们必须为自己的内心找到一个行动的指南针。这样就不会使自己偏离人生的方向，也会让自己的内心世界更为充实，获取更大的幸福。

为生活而生活的是动物而非人

为生活而生活的是动物，没有一点真正人的价值，不能保持人永久不厌倦和感觉到一切都是虚空。如果要使生活成为完全是人的生活，它必须为某种目标服务，这种目标在某种意义上似乎是在人的生活以外的，就是这种目标，它是非个人的和超出于人类的，有如上帝或真理或美。

——罗素《我们所能够做的》

吃饭是为了活着，但活着绝不是为了吃饭。人生需要有一个鲜明的意义。我们都有自己的追求，追求的本身便是给自己设立的人生意义。

倘若没有追求、人生就没有意义。倘若缺少了意义，生活就缺少了乐趣，我们就会变得浑浑噩噩，感到空虚和麻木。

给人生一个鲜明的意义。这个意义，要经得起时间的考验，随着时间的流逝，我们也不会为之感到后悔；这个意义，能赶走生命的颓废和空虚，带来愉快和欣喜；这个意义，能永远璀璨、不会变质，值得我们为之舍弃很多东西。

一般来说，这个意义若要无悔，必定与真诚的感情有关，而金钱无关，专注于财富积累的人，最后将会发现，物欲的增长并不能给自己带来真正的快乐。人生的意义，必须包含一些精神上的寄托，如此才能做到生命无悔。

塞涅卡有句名言说："如果一个人活着不知道他要驶向哪个码头，那么任何风都不会是顺风。有人活着没有任何目标，他们在世间行走，就像河中的一棵小草，他们不是行走，而是随波逐流。"

没有目标的人生就像没有方向的航船，只能在海上漫无目的地漂泊。为了掌握自己的人生，我们首先要明确目标，找到努力的方向，再立即采取行动，不断提高自己的能力，促进成长，才能获得满意的人生。

自私是人类生存发展的动力

绝大多数、乃至最为高贵的人物的行为都有一种自私的动机，这并不是一件值得遗憾的事，因为如果不是这样的话，人类就不可能生存下去。

——罗素《虐待狂》

生命需要许多能量来支持，欲望、憧憬、期待、喜爱、憎恨……欲望，有时是吞噬身心的鬼魅，常把自己推人万劫不复的深渊；有时又是追求幸福的动力，是生命火焰得以燃烧的柴火。太多的欲望会拖累人的心灵，但失去了欲望，生活将只余下无聊、孤独和死寂。

自私的欲望是为了获得自己更好的生活而存在的，因为自私所以自己才能生存，而生存的根本就是自私。自私就是用尽一切方法让自己生活的最好的想法和方法的生存欲望，也是一切欲望和未来的源泉所在，同样是因为竞争关系而产生的自我保护。

自私，人们在千百年来用无数的语言来辱骂它，并且人人几乎都发自内心的去憎恨它。但是自私却是人类生活下去最原始的原动力，因为生存既是自私，万物的存在就是竞争导致自私所引导的欲望在前进的历史。

所以，自私并不是令人憎恨的，相反的是人类必须要去正视和了解它——因为万物自私，所以万物存在。在这个世界上只要是生物，第一刻出生时所要做的就是如何去生存，不然就只有死亡。而生存的根本就是与万物斗、争夺自己的生存资源，与天地斗、创造自己的生活空间和生活环境，这就是竞争。竞争就是自私的斗争。

我们人类为了生活的所作所为，其实就是在围绕在如何生活的更好这个前提下而展开的竞争，所以我们人类才会扩大我们的生活空间和改善我们的生活环境。

不要利己而要超越自我

个人的自我并不是整个世界的最大的一部分。一个能够自我超越于自己的思想和希望的人，也能够在日常生活的困境中为自己找到安静闲适之地，而这对彻底的利己主义者来说是不可能的。

——罗素《幸福之路》

每个人都是赤裸的来到这个世界上，然而他必须占有才能生存。当所有人都想占有，但资源却是有限的时候，对于利益的争夺便不可避免。因此功利主义思想古则有之。

自私是一种潜藏在心灵深处的人的本能欲望，它的存在与表现不为本人所察觉。私欲强的人不顾社会和他人的利益，一味地满足自己的需求，而在自己私欲得到满足的时候却心安理得地享受。所以自私的人，没有人愿意与其共事，因而他也难以取得成功。

自私的人总把自己的利益推崇到至高无上的地位，为了维护自己的利益，达到自己的目的，甚至会不择手段，从而也暴露了自己的丑恶嘴脸。自己对待别人的态度，就是别人对自己的态度，如果你对别人太自私，也就不要指望别人与你分享。

学会用无私的胸襟来善待他人。虽然，它是一种高远的人生境界，但是只有你肯付出你的爱心，你就会一步步接近崇高的人格。无私面对他人，你固然会失去一些东西，然而你收获的更是不可限量的。无私能让你远离小人的蝇营狗苟，远离肮脏污秽，能够以坦荡的胸襟、宽广的视野来面对广阔无垠的人生。无私天地宽。当别人在受到你的善待时，也会涌泉相报来回应你的善行。

集体兴奋使大家麻醉

集体兴奋是一种绝好的麻醉，其间，理智、人道主义、甚至自我保存很容易被遗忘；其间，残忍的屠杀和英勇的殉难同样是可能的。这种麻醉和其他种麻醉一样，它的快感一旦被体验到，是很难抗拒的，但它后来会导致漠然和厌倦，若要再产生以前的热情，那就需要越来越强烈的刺激。

——罗素《领袖与追随者》

集体就是由无数个个体组成的，就是你、我在举手投足之间构成了世界现在的样子。我们是整个世界的一员，并且是不可分割的一部分，我们的活动建构了世界的活动。

集体兴奋是一种能够突然影响一大群人的，可以被集体中每一位成员感觉到的能量。平时安分守己的人会因为这种能量的作用而变得忘乎所以，和这个集体中其他成员一起陷入极度兴奋和疯狂的行为中。

现实生活中，我们经常看到混乱不堪、痛苦无奈和无穷无尽的冲突。当真正面临这些不堪入目的景象时，有思想的、认真的人，那些真正关心我们这个世界的人，就会意识到集体行动的重要性。

我们在某个领袖的带领下不断地扩大对自然的使用范围，甚至毫无休止地侵占、掠夺、毁坏地球。这就是我们人类集体的杰作。

我们不要过分陶醉于这样的胜利，虽然我们的行动可能在短期内会起到一定的作用，但结果却往往给我们自己带来更大的不幸。集体性的兴奋、麻醉和残暴行为，最终将带来整体性的灾难，它可以毁灭掉这个世上所有的美好生活。

我们需要的是一种最单纯的责任感，是一种最真实的正义感。共同的厄运如此强大，以至于个人的爱情、思想、痛苦都变得微不足道。

因此，每个人都必须思考这些群体性的行动所造成的集体性兴奋和灾难。并且要意识到，要生活就必须付诸行动，就必须和外界建立和谐的、友好的联系。我们要从自身的转变做起，才能够改变这个矛盾的世界。

与周边环境不相融的幸与不幸

一个人与周边环境不相和谐一致是不幸的，但是这种不幸并不一定总是值得花一切代价去加以避免。当这一环境充满了愚昧，偏见和残忍时，与它的不和谐反而是一种优点。

——罗素《舆论恐惧症》

物以类聚，人以群分。如果一个人无法融入一个和谐美好的社会，那么他无疑是非常不幸的；但是如果当这个人身处的环境充满了愚昧、残暴和无知时，那么他与周围事物的不和谐，反而证明了他的伟大和超前。

在人类历史的长河中，伟大的思想来自伟大的人物，而伟大的人物往往是痛苦而孤独的。因为他们无上的智慧太过超前而不被当时当世的人理解和接受，甚至遭到严酷的惩处。不论是伟大的政治家、科学家还是艺术家都是如此。

这一切也正是对这些人物的考验，考验他们忍受孤独和寂寞的能力，考验他们对于自己的思想理论的坚持和执著。

如果我们盲目的服从大众的意志，可能会带来一时的风平浪静，甚至平步青云。但是，这意味着我们将被推向平庸的深渊，磨掉所有棱角和锋芒，成为逆来顺受的墙头草，最终丢掉本真的自我，变成一个彻底的奴隶。

人生太累，是否因为不敢、不去走自己的路，所以只能和众人一起看着同样的风景，只能不断重复别人的路。

其实，只要自己认为对的，只要自己觉得值得，便不必太过在乎世俗的眼光和别人的看法。人生真正的勇气不是压抑自己追随大众，而是跟着自己的心走。自由的心灵将指引我们幸福所在。

自杀不是勇敢

很多人可以勇敢地死去，但是却没有勇气承认，他为之而死的原因实际上是没有意义的，他甚至连这样想一想的勇气也没有。

——罗素《为什么我不是基督教徒》

勇气是一股惊人的力量，它能够承担一切重负，甚至包括生命。轻生的人不是真正的勇敢，因为这是对自己、对亲人以及对世界的不负责任的行为。

每个人来到这个世上，都需要承担责任，其实，生命就是一连串的责任的不断累积。责任是一种天赋的使命。没有责任的人生是空虚的，不敢承担责任的人是脆弱的。敢于承担责任，敢于面对失败和痛苦，置之死地而后生，才能获得别人的尊敬和信任，获得人生的成就感和自豪感。

我们需要勇气去面对生老病死，更需要有勇气去拼搏、牺牲和付出；而自行结束生命实际上是怯懦和退缩的表现，这只会拖住我们前进的脚步，让我们的心灵惶恐和抱怨中蒙上灰尘。

真正的力量与人的体力、财产和地位无关，而是鼓起勇气去做该做的事情。勇气是一种在挑战面前毫不退缩、永不言败的精神力量。

在人生的征途上，让我们怀着真正的勇敢去挑战，一定能够飞得更高更远。

根据爱好与地理位置交友的优劣

现代人根据自己的兴趣喜好，而不仅仅根据地理位置来选择朋友。幸福，随着与志趣、见解方面相同的人的交往，增进了许多。有理由相信，通过此方式，现在尚困扰着许多人的孤独，必将逐渐减少，直至消失。这必将会增进人们的幸福。

——罗素《舆论恐惧症》

世间每个人都需要朋友，朋友是你的另一个生命。当你和他们在一起时，一切都会变得顺遂。

年少的时代，我们更多是根据地理位置来交朋友，因此便有了亲密的发小和青梅竹马的同伴。在读书的时候，我们往往会跟与自己座位相近的同学成为朋友。随着年龄的增长，我们阅历的丰富，选择朋友的标准也变得更加成熟，更加明确。共同的志趣，就成为我们交友的最普遍的准则。

朋友的选择，需要从很多人之中去选择，就如沙里淘金一般，即使将沙淘尽，却也未必一定能收获金子，故而有“人生得一知己足矣”的感叹。

古罗马著名哲学家西塞罗曾经说过：“人类从无所不能的上帝那里得到的最美好、最珍贵的礼物就是友谊。”

人的一生，如果能够交上和自己有着共同理想和兴趣的好朋友，不仅可以得到情感的慰藉，而且彼此之间可以互相砥砺，相互扶持，共同面对人生风雨。这样的朋友必将成为你人生的后盾，在你高兴时与你分享快乐，在你悲伤时与你分享痛苦，在你得意时衷心地祝福你，在你失意时伸出援手。

失去活力与本能的人生沉闷乏味

人生一旦失去了动物的活力与本能将沉闷乏味，因为无论美好人生的形式为何，都以它们为基础。文明可以加入其中，但却无法取代它们。在这方面，圣贤们并没有达成圆满。社会可由他们点缀，却不能由他们组成，否则世界将无趣至极。

——罗素《美好的人生》

在世人眼中，出家是一种消极弃世的行为。或许大多出家者都遭遇过现实世界或精神世界无法解脱的困扰，出家，多数是为了一种解脱。人生是一个秘密。大多数人已放弃探寻答案，而圣人和智者却为了知晓那答案，用大半人生作为献祭。

远离尘世的那些出家人，如果当初是为了逃避苦痛。那么需要知道，红尘从来不是可以逃避的，感觉不到痛苦，不一定是痛苦消失，也可能是心灵麻木。

比起人来，花草的一生是短暂的。然而，一株草即使会在秋季到来时很快凋零，在它生命的每一天，它会努力地挥洒自己的绿意；一朵花即使很可能在某场暴雨来临后香消玉殒，但在每一个面对阳光的日子里它都不会错过尽情吐露生命芬芳的机会。

人生终有结束的时候，但在结束之前，每个人都应该全身心投入这场华丽的战斗，为成为最后的赢家而拼尽全力。无论结局如何，都会享有一场人生的璀璨焰火，那些轻言放弃、毫无作为的人是没有资格看的，它是独属于坚持者的盛宴。

一个人，不管他经受了多少打击，也不管他经历了多少苦难，一旦爱的阳光照耀在了他的身上，他便能治愈创伤，便能重获希望，便能萌生出新的生机，哪怕是在荒凉恶劣的环境里，也依然能够放射出自己的生命之光。

一定的竞争使人幸福

人类同其他动物一样，对一定量的生存竞争较为适应，而在占有巨大的财富却不需付出任何努力时，在他的一切奇怪念头极易得到实现时，单是生

活中这一努力的缺失就使他失去了幸福的一个根本要素。

——罗素《幸福之路》

生活在这个世界上，就要学会面对生存竞争带来的种种压力，这种压力有时并不仅是引起我们疲惫痛苦的源头，它还是我们获得幸福的条件之一。

现实生活中，并不是每一个机会都带着桂冠来到我们身边的，有些机遇往往戴着危险面罩，让很多只看表面的人望而却步。

竞争的危险中往往蕴藏着新的机会。那些善于思考的人，往往能变“危机”为“良机”。任何危机都蕴藏着新的机会，这是一条颠覆不破的人生哲理。很多时候看起来毫无价值的信息，在会思考的人心中就是一个好机会。

受苦的人会把不幸当成人生的痛苦，而积极向上的人总是能把苦难当成自己飞得更高的财富。

我们每个人身上都蕴藏着巨大的潜能。有时候，我们需要把自己逼到一个“悬崖”边，因为，只有在生存竞争的重压之下，我们的潜能才能得到最大的发挥。

在谦让中保全彼此的面子

为了顾全双方的面子，谦让常被当成是必要的原则。顾全面子的做法虽然使外国人哑然失笑，却是中国人最宝贵的社会风俗，它使得中国人的社会生活和政治生活比西方人更少残酷性。

——罗素《东方人和西方人的幸福观念》

在我们这个古老的民族，数千年来都背负着一个包袱，那就是面子问题，不但向外寻求物质享受和面子有关，就连所有的伦理、道德和教条之中都混杂了面子的成分；越是争强好胜，越是完美主义的人，越是要面子。

面子是“自我”的产物，我们处于天性，无时无刻不在关心着自己，为自己着想，同时，也在思考担心别人如何看待自己。而为对方顾全面子，则是一种关怀他人，为他人着想的美好品质。我们的社会提倡谦让，就是要在捍卫自我良好形象的同时，也能保护别人的形象和心理。

要面子，有时候虽然会成为阻碍我们自由表达情绪和愿望的桎梏，“死要面子活受罪”也成为了许多人极力批判的对象。但在更多的时候，正是因为彼此之间相互谦让，为对方留面子，才会使得我们每一个人都能生活在一个充满温和礼让风气的空间里。

谦让是一种态度，一种胸怀，而不是软弱。懂得相互谦让，保全自己和他人的面子，会让我们每一个人都能感受到社会生活的温暖和煦，让我们收获满怀清风朗月和世间万物的无限风情。

点燃理性之光

现代文明造就的灵魂缺乏友善

现代文明造就的人的灵魂更倾向于仇恨而不是友善。因为他感到不满，所以趋向于仇恨；因为他常常甚或无意识地感到自己失去了人生的意义，所以他感到不是自己、而是别人，得到了大自然给予人的欢快幸福。

——罗素《幸福之路》

法国哲学家卢梭认为，现代人之所以感觉生活如此不幸福，是因为人们的物欲太过强烈："10 岁时被点心、20 岁被恋人、30 岁时被快乐、40 岁时被野心、50 岁时被贪婪所俘虏。

现代社会的生存竞争，让我们失去了曾经那些简单而完整的生活，失去了只有真正的宁静而没有无端困扰的心灵。对生活的绝望与不满，会在我们的心中生发仇恨，它会成为我们生活中一个极其令人不安的东西。

每个人都想要成功，想要得到爱和安全感，这些欲望和占有也属于生活中的一部分。当我们期待某种东西的时候，无论是积极的还是消极的，我们都是在投射自己的欲望。如果我们的欲望没有得到实现，那么嫉妒、羡慕、鄙视、排斥、怨愤等仇恨的心理就会产生。只要我们沉迷于思想上或事实上的竞争中，总是在寻求结果和胜利，那么，当这种愿望无法实现时，它的挫折就是仇恨。

我们因复杂而混乱的日常生活失去方向，害怕、恐惧、孤独、悲哀、贪婪就产生了这让我们找不到关于生活意义的答案。当我们用一个愚蠢迷茫、反应迟钝的大脑和空虚的心灵去寻找生活的目的时，这种愿望也会随之变得空洞混乱、虚无缥缈。

生活的混乱源自欲望和恐惧，我们必须抛开所有的不满，才能获取最有价值的智慧，因为平静的生活正是发自潜意识的宁静与和谐。

追求独立精神与自由思想

凡伟大的发明家都不得不反抗束缚，并因他们的独立精神备受敌视。但普通人正是由于他们不独立思考，才变得明智许多。

——罗素《幼儿园》

每个人一出生，就进入了束缚的世界：性别、国籍、民族、家庭环境等等一一为我们贴上标签，制定标准，划定思维活动范畴。我们从小接受的教育，更使我们习惯于接受一些早已形成的想法，习惯于服从那些已写入书本的教条、信仰和理论化的东西。

在社会中生存，我们不可能完全拒绝外部的权威和束缚，因为任何文明社会都需要一定的信仰和体制，让所有人共同遵守。然而，面对生活中瞬息万变的问题，我们怎能指望依靠曾经适用的条款，用固定的、僵化的头脑去解决呢？

虽然很多人在世界上是独立的，但很少人是自由的，大部分人都是家庭及外在环境的奴隶。我们要想得到真正的自由，取得于全人类都有价值的成就，就要让自己具有独立和怀疑的精神，了解并破除所有的依赖，从内心获得解脱，重新认识自己，找到那个毫无拘束的自我。

不可否认，“服从”有时候是一种美德，但盲目的服从只能是奴隶的道德。那些能够把名字写进历史的人，大多都是因为反抗的姿态而被人们吟诵至今，鲜有人因为温顺而懦弱的服从而被顶礼膜拜。如果你能够勇敢地摒弃那些已经流传多年的传统谬误，如果你能够挣脱所有的束缚，那么你就会释放更多能量，你会发现自己具有更大的热情及活力。

思考要理性

在对大脑的思维进行系统的训练以后，人就能获得更多的幸福，又能提高解决问题的效率，而不是不适当地、无间歇地去思考。

——罗素《幸福是可能的吗》

冷静的思考，穿透了事物的表象，探索世界的本质，因为褪去了世间万物的浮华因而显得冷峻而不近世事。它用犀利的眼光穿透现实生活的迷障，为我们层层剥解隐藏在纷繁表象中的无穷的知识和智慧，它是我们在黑暗中前行的一盏明灯。

积极思考是一种智慧力量，如果一件事不经过思考就去做，那肯定是鲁莽的，除非你特别的幸运。但幸运并不是时时光顾的，所以，最保险的办法是“三思而后行”。但“思”也并不是件简单的事，思考也有它的特点和方法。成大事者都有自己良好的思考方法。

首先，学起于思，思源于疑。心理学认为，疑，易引起定向而探究反射。有了这种反射，思维便应运而生。

其次，凡是富有兴趣的东西，多能引起人们的思维。先动以情，引发思维，再达到通晓于理。

再次，知识是思维的动力，一般说，学习愈勤奋，知识愈丰富，思维就愈敏捷。思维的“脾性”不爱和容易的问题打交道，而喜欢同疑难的问题交朋友。

将现有的知识结构进行调整，重新组合，可以激发思维，对已熟悉的事情变换一个角度来认识，可以引起新的思考。

当然，我们还要全面地考虑问题，思维才能开出娇艳瑰丽的花朵。

智慧只属于会思考的人。大凡成就伟大事业的人，都是因为凭借了一种积极的思考力量，是创造力、进取精神和激励人心的力量在支撑和构筑着所有成就。一个精力充沛、充满活力的人总是创造条件使心中的愿望得以实现。因为他们知道，没有任何事情会自动发生。

理想的实现要靠耐性和勇气

我们所期待的事情绝不是明天就会实现的，但是今天少数人想到的事情，到时候自会变成许多人共同的思想。我们如果有勇气和耐性，那么我们就能想到和感到那些迟早会激动人的思想和希望，而且厌倦和沮丧会转化成为精力和热心。

——罗素《我们所能够做的》

追求理想，有时就像是做饭煲汤，火候到了，味道才会鲜美。在为实现人生价值而拼搏的过程中，每个人都不可能逃脱那些前进中必须经历的磨难，这就需要我们锻造一颗百折不挠的恒心。

走下去就有希望，即使前路漫漫，一颗坚定持久的心依然可以让我们看到未来。不论是持之以恒还是百折不挠，本质上都是一种耐心的等待，一种坚守，一种平心静气，哪怕风吹浪打也安定如初的朝目标迈进的坚毅。成功要耐得住性子，不能早一步也不能晚一步，只有这样，才能品尝到它的甘甜。

马克思一生漂泊，他在自己的小书房中孜孜不倦，历时 40 年完成《资本论》。李时珍为行医救人，常常远涉深山旷野，遍访名医宿儒，用 27 年写出《本草纲目》。徐霞客只身游走于大江山河，用 34 年写成《徐霞客游记》。曹雪芹一世孤凄，批阅十载，增删五次，著成《红楼梦》。

漫长的不只有岁月，还有他们坚守自我的历程。杰出的人物，传世的名著，崇高的理想，无一不是在多年的寂寞与忍耐中练就而成。没有风光煊赫，没有前呼后拥，只有青灯一盏，孤身上路，但却成就不朽。

世界上最强大的人，也就是最孤独的人。只有最强大的人，才能在孤独寂寞中完成他的使命。能够有勇气忍受毕生孤独的人，才能在不懈追求中创造人生价值和有益于全人类的优秀成果。

在深浅之间权宜做人

如果某人是时代暂时还未予承认的天才，那么，他只有不顾别人是否承认，坚持在自己的道路上走下去才是很正确的。另一方面，如果他是一个毫无天赋，为虚荣心所驱使的人，他最好不要再坚持下去。

——罗素《虐待狂》

人人都羡慕天才，都希望自己是一个天才。真正的天才，他有着超出常人的头脑和超越时代的智慧。在同时代人们的眼中，他是怪异而又不合时宜的，但他的思想和创造成果却会在后来的岁月中，逐渐发出越来越耀眼的光芒。

而有一些人，在生活中自负自大，不可一世；而一旦遭到周围人的劝阻甚至唾弃，他依然以天才自居，坚持在错误的可笑的道路上独行。这些人其实是缺少自知之明，他们不清楚自己的缺点，也不知道自己的实力。

人贵有自知之明，只有经历暴风骤雨的洗礼，雪压霜欺的磨砺，在无数次地跌倒中爬起，才能够找到真实的自我，从内心做到不怨天尤人，真正认识到自己的能力，再通过不断修补与完善，向更加完美的人生靠近。

有自知之明，才能在深浅之间权宜做人。无论我们是否是一个真正的天才，都应该做到尽力而为，量力而行。一个人无论怎么强大，在能力上都会有一个“底线”。如果超过了这个底线，错误地评估了自己，去做力不能及的事，那么，再强健的人也要摔跤。自以为自知同真正自知不同，自以为了解自己是大多数人容易犯的毛病，真正了解自己是少数人的明智。

人生如秤，对自己的评价秤轻了容易自卑，秤重了又容易自大，只有秤准了，才能实事求是、恰如其分地感知自我、完善自我。自知之明是比才能更罕见、更优美、更珍奇的东西，它总是在无边的黑夜中熠熠生光，为行人指引正确的方向。

平凡人也有享受幸福的权利

尽管一个人是平凡的，但他仍有享受幸福的权利。

——罗素《我的信仰》

对于平凡的我们来说，能看到自己平凡的幸福就是一种莫大的快乐，这样才会更加懂得珍惜自己所拥有的一切，一切的悲苦终将有结束的一天，接受生活带给我们的一切，这样生活就自然会美妙起来，有一天，你就会不经意地获得更多的幸福。

做人需要几分淡泊平凡，只有如此才能豁达地面对人生的得失。说到平凡，那是一种境界，是一种从容不迫的生活态度。有时候现实中的失去或者追求的目标因能力所限而无法达到，并不代表真的没有获得或距离成功很远，只要思想达到了，结果就是一样的。坦然地面对生命中的荣辱、得失、进退，其实是人最可贵的品格。

懂得并学会爱自己，是源于对生命本身的崇尚和珍重。这可以让我们的生命更为丰满和健康；可以让我们的灵魂更为自由和强壮；可以让我们在无房无居的时候，亲自去砌砖叠瓦，建造出我们自己的宫殿，成为自己精神家园的主人。

哪怕你一无所有，你仍然有理由珍爱自己。我们始终都在走一条路，一条属于自己的路；我们始终都在营造一处风景，一道涂抹着个性色彩的风景。路在延伸，风景依然亮丽，我们把夕阳走成了朝霞，把寒冬走成了暖春……

世界需要并尊重智慧和希望

智慧和希望是世界所需要的东西；虽然这个世界是在跟它们作斗争，到后来终究会尊重它们。

——罗素《我们所能够做的》

一粒种子，即使被埋没数百年，依然蕴藏着生的希望；一个人，当他处于困境时，更应该凭借信念的力量支撑下去。人乃万物之灵长，困难是人生路上很平常的点缀，人类原本就是集智慧与力量于一身的，所以完全有力量在面临困境时保全自身。关键就在于是否能有坚定的信念以及克服困难的勇气与智慧。

唯有智慧和希望才能让一个人在困境中保持冷静与乐观，直到最后看到胜利的曙光。这是一种自信力，它让人有信心获得成功。

生于尘世，每个人都不可避免地要经历苦雨凄风，面对艰难困苦，想开了就是天堂，想不开就是地狱。而智慧就是一幅良药，愈合你的伤口，怀着新的希望上路。

人的一生，就像一趟旅行，沿途中有数不尽的坎坷泥泞，但也有看不完的春花秋月。如果我们的一颗心总是被灰暗的风尘所覆盖，干涸了心泉、暗淡了目光、失去了生机、丧失了斗志，我们的人生轨迹便不会美好。

给自己一个希望并不难。我们每个人都有自己的梦想，都有自己希望达到的目标。然而，我们很多人在追求目标的过程中，最初都是热情高涨，之后会因为种种原因，感到目标如此的渺茫，中途放弃。很少有人，每天能够坚持给自己一个希望。希望能够让自己化解各种艰险，遇到再大的困难、再大的阻力，也要坚持下去。正因为如此，成功才会属于少数人。

没有知识，希望的世界不可能构建

知识是自然势力和破坏性激情的王国的解放者，没有知识，我们希望的世界不能建立起来。

——罗素《我的信仰》

在现代社会，知识对个人和国家的发展都是十分重要的。

知识就是力量，不仅科学技术的知识是无比强大的力量，文化知识也是不容忽视的。因为知识的运用不但能够生成物质力量，而且还能够产生精神力量，当这种精神力量转化为物质力量之后，将会带来更为巨大的能量。

随着时代和科学技术的不断发展，我们获得知识的途径越来越多，获取知识也变得越来越容易，以至于我们在知识的海洋里感到有些茫然，不知道该吸取哪些知识，更不懂得如何利用所学的知识。知识本身并不是一种实用的力量，它必须与人结合，才能发出灿烂的光芒。

在我们的一生当中，获取知识的多少，运用知识的多少，决定了我们是否能够获得成功。有了知识的支撑，我们就可以在绝望中找到希望的萌芽，就可以在顺境时预见到可能出现的危机。

我们要重视知识的力量，做一个不断扩充知识、更新知识，并运用知识的人。用知识的力量，完善自己，造福他人，这是我们终生的任务。

■厌烦是一种受到挫折的欲望

从根本上说，厌烦是一种受到挫折的欲望，这种欲望的对象不一定是令人快乐的，但肯定是那些使得厌烦的牺牲者知道这一天不同于另一天的事情。一言以蔽之，厌烦的对立面，不是快乐，而是兴奋。

——罗素《幸福之路》

人类厌倦了爬行，所以学会了直立行走；人类厌倦了茹毛饮血的生活，所以发明了钻木取火；人类厌倦了赤身裸体，所以用衣服蔽体……

厌烦，是人类独有的情绪。笼子中的动物总是无精打采，踱来踱去，呵欠连天；它们大部分时间里在搜索敌人或食物，或同时搜索二者；它们有时交配，有时则设法取暖。但即使当它们不快乐时，它们也不会厌烦。动物是不会有类似厌烦的感觉的，因为这些动物从来没有做出过惊世骇俗的壮举。

然而，厌烦作为人类行为的一个因素，却远未受到人类应有的注意。厌烦中的某些成分是人生必不可少的组成部分。避免烦恼的愿望是天生的，任何人遇到机会都会表现出这种愿望。当土著人初次从白人那里尝到酒的滋味时，他们发现自己终于能够逃避那由来已久的烦闷了，除非受到干涉，否则，他们定会狂饮不止。战争、屠杀和迫害都已成了逃避烦闷的方法，甚至与邻居吵架也比无所事事要好过些。厌烦是道德家们所面临的主要问题，因为人类的罪恶至少有一半起源于惧怕苦闷。

厌烦并不是人类宿命的一部分，而是可以避免的，方法是打破沉闷，寻求突破。打破沉闷意味着打破旧有的生活状态。我们需要有破旧的勇气，不要让不合时宜的生活规律控制你的大脑。潜力的繁衍需要不断新生的空间。当时在一切旧事物中找不到潜能的发生点时，独辟蹊径才可以让你的人生创意畅通无阻。

忧惧比引起忧惧的东西更可怕

由于惧怕失掉金钱所发生的远虑与烦闷，使人把获致幸福的能力消耗掉，而且对遭受不幸的惧怕，比起所惧怕的不幸来，还更为不幸。

——罗素《财富的崇拜》

曾经有这样一个实验。将一个牧师和一个是普通工人分别用黑布蒙住眼睛，将针头插进手臂，声称要把他们的血抽干。但其实，插在他们手臂上的只是空针头。结果，普通工人的面部不断抽搐，脸色变得惨白，渐渐地在恐惧中死去。而那位牧师却始终神情安详，没有表现出任何的异样，依然好好地活着。

后来他曾对人们说：“我的内心很平静，我什么也没有想，即使我死了，我的灵魂也会进入天堂，所以没有什么好恐惧的。”

可见，忧惧比引起我们忧惧的东西更为可怕。无论是害怕失去工作、害怕没有足够的食物、害怕失去社会地位、害怕老板粗暴的行为等外界恐惧，还是害怕失去、害怕失败、害怕死亡、害怕孤独、害怕得不到爱、害怕身心俱疲等内心恐惧，它都是对未来和过去的忧虑。

我们害怕可能要发生的事情，尽管它们可能离我们很遥远，但我们仍然因此感到恐惧，因为我们在不断思考，不断去想象那些事情能带来的未知的负面影响。

正是因为我们太在乎自己所有，太害怕失去，所以才产生了想要保全自我的渴望。当我们感到未来无法预测，自己可能不能继续存在时，就会滋生强烈的恐惧。

要想彻底消除这些徒劳而无谓的担心和忧惧，我们只需明白：忧惧只是一种意识而已，当我们不去关注这种意识，保持安静，它自然就会慢慢消失。

理智也会扼杀激情

激情通常扼杀理智；相反，受过教育的人，理智常常扼杀激情。

——罗素《最后几年的学校教育》

情感和理智哪个更重要？对人们而言，情感更真实，是应该排在第一位的。情感是生命的内容，是幸福的主要依据，因为人永远生活在亲情——友情——爱情——这个无限循环的圈子里。

但对外界而言，理智是第一位的，是人与动物区别的根本特征，是人的尊严所在，是实现生命成就的可能所在。但情感与理智又必须相互联系并统一于一体。只有培养内心的品德，用理智控制情感，拥有明辨是非的智慧，才能做到先失后得，做事从容。

哲人说情感是水，理智是堤坝，人不能没有情感，但情感要受理智制约，否则便会如洪水一般泛滥。

理智与情感，是人生最难做的一道题。感情用事的人都会丧失许多东西，要想用理智的缰绳驾驭情感，在情感和理智间寻求平衡就要以情做人，以理做事。用感情覆盖理智是幼稚，完全理智是空谈，成熟的标志是把两者分开。可以用感性去看问题，但是必须用理智去解决问题。

理智一旦与情感相悖，不是将心灵撕碎，就是让心灵窒息。两者和谐一致才能造就伟大的心灵。

对科技是爱还是恨

科学随时准备让人陷入两难的选择：选择爱还是选择恨。但是，恨总是被人用冠冕堂皇的漂亮言词伪装起来。

——罗素《幼儿园》

我们生活在一个高度发达的社会，也生活在一个高度匮乏的社会。

科技带来了一种不自然的、不同于手工业和农业以及古代充满人情味行业的劳动方式。它的一个基本特征是，人们每天不得不重复进行同一种单调的劳动。这同一种劳动的重复进行，以至达到这样的境地，人成了机器的一个功能，可以像机器零件一样任意配换。

德国著名哲学家尼采在19世纪末就说过，现代人迷失了方向。进入20世纪的西方人才突然感到这个预言的真正分量。现代西方的非理性主义思潮普遍认为，高度发达的现代科技，虽然在很大程度上改变了现代人的生活，带来了真的“现代化”，但科技对人类生活的无孔不入，正把人类以及人类文化带向一个陌生、冷漠、黑暗、充满危机的世界。

人类为了改善自己的物质生活条件、摆脱繁重的体力劳动而日以继夜地发明技术，但大工业使人变成机械的一颗螺丝钉，人性丧失了。

人类迷失了方向，不得不停下来反思。科技历来就是一把双刃剑，在给人类带来巨大社会财富的同时，也给人类带来了种种困扰和不安。它会玷污人的心灵，技术的发明和使用会改变人的思维方式，会打开人的欲望，从而远离天地大道。人类在享受科技带来的物质生活时，也必须同时承受随之而来的种种危难。

微弱的理性之光将燃成冲天大火

人类应被视为一个整体，我们要与外在的混乱与内在的愚昧作斗争，微弱的理性之光将燃成冲天大火，让光明驱散黑夜。

——罗素《十四岁前的课程》

释迦牟尼佛之所以愿意为了求得佛法而放弃自己的生命，是因为他深深地明白要想求得真正的智慧非常不易，因此一定要懂得去珍惜。也正是因为真理的可贵，才使得很多人在真理的面前都曾发出了“朝闻道，夕死可矣”的人生感叹。

寻求真理之路充满艰难险阻并布满荆棘，有时甚至要为此而付出生命代价。正因如此，真理更显得难能可贵，也才会有无数的人不畏艰难而孜孜不倦地追求真理，哪怕是付出生命也在所不惜。

伟大的意大利天文学家布鲁诺就是因为发现并坚持“日心说”而与当时宗教承认的“地心说”发生严重冲突，于1600年被烧死在罗马的鲜花广场，布鲁诺因坚持真理而付出了生命的代价。人类在三百万年左右的历史长河中，许多岁月是在谬误或错误的思想指导下顽强地挣扎着生活着。中国古代《列子》中“歧路亡羊”的故事可以说明追寻真理之艰辛：

人的认识活动必须以感官经验为基础，首先获得感性认识，然后从感性认识中提炼出理性认识，最后还要将理性认识放到实践中检验并获得新的经验，再获得新的感性认识……如此不断往复前进，就逐渐逼近真理。在这条实践——认识——实践的道路上，到处都是岔路，一不小心，就可能掉进谬误的陷阱之中。

人类诞生之初，社会发展十分缓慢，懵懂的人类无法理解自然的奥意。那时，谬误或错误影响、制约着人们。人们就像“盲人骑瞎马”那样到处乱撞乱碰，不知干了多少蠢事，也不知吃了多少苦头，轻则头破血流，重则粉身碎骨。在探索真理的过程中，对众多个体而言，如果稍有不慎，就可能误入歧途，无法获得真理。杨子正是从歧路亡羊一事，联想到人在探索真理过程中这个无奈的事实，故而才黯然神伤了很久。

只有那些在布满歧路与荆棘的小道上以科学精神永远不懈追求

的人，才有可能获得真理。所以，有志于探索真理的人，必须树立科学精神，不怕失败，不懈追求。

思想是伟大世界的光

人怕思想，思想比毁坏更可怕，甚至比死还可怕，好像世界上没有比它更可怕的了。思想是颠覆性的、革命性的、具有破坏力的。思想举止骄傲，不为所动，好像它是宇宙的主宰一样。思想是伟大的，迅速的和自由的，是世界的光，是人类主要的光荣。

——罗素《教育的力量》

最强大的力量就是最无声的力量。思想就是宇宙中极为强大的力量。如果能够正确运用思想力量，就可以为全人类造福；如果运用不当，就会带来极大的危害和灾难。

思想决定着改造世界的方向。在人类历史发展中，任何一次大的变革均以思想的启蒙为先导，都极大地推动了人类文明的进步。

拿破仑认为，世界上有两种力量，利剑和思想。但从长远来看，利剑总是败在思想之下。再好的利剑也有生锈和埋没的那一天，而思想却恒久存在。人是一棵思想的芦苇，思想是行动的先声。思想的高度和深度决定了人的发展速度和广度。

思想会不断产生并释放出巨大的能量，当这种能量与自然造化的普遍法则相适应时，它就可以产生真正的智慧；而在错误的思想指导下，就会出现种种破坏性极强的情况。

如果你想拥有超凡的智慧，就应该把握并且充分利用思想的伟大力量。正是无声而又强大的思想才使得世间万物得以顺利展现。